吾皇巴扎黑的
穿越劇場

喵的!
歷史哪有
那麼難

夏商西周春秋戰國
到秦王朝

①

白茶 — 編繪

角色介紹

吾皇

喵星人，性格高冷、傲嬌，雖然平時冷艷端莊，仍會流露出貓的各種特點，比如摔杯子不講理、玩逗貓棒、睡姿奇怪、抵抗不了貓罐頭的誘惑、因為太胖所以不夠靈活等等。身為一家之主，習慣用傲嬌的態度表達溫柔的情感。言辭犀利，對世間百態有自己的看法。既嫌棄又關心巴扎黑，世界上只有牠可以欺負巴扎黑，其他人或狗都不行。

巴扎黑

汪星人，忠誠，情商低，智商也低，是個腹黑小戲精。外表憨厚，內心戲多。用愚笨的腦袋關心家裡的每一個人，是吾皇的小跟班。

人中

臉上有兩坨「高原紅」的小黑貓。人中特別長，因而得名。頭頂有個來歷不明的尖尖。善良，天然呆，心直口快，童言無忌，總是帶著好奇心看待一切，被吾皇當成自己的後代教育。

牛能

哈士奇和柯基混血，但覺得自己是高貴
的哈士奇，介意別人說它腿短。放浪不
羈，油腔滑調，自認為很有品味。欺善
怕惡。經常自作聰明，愛賣弄。愛欺負
巴扎黑，常被吾皇揍。

翅中

以多種山雀為原型創作出來
的小鳥，平時話不多。因為
一度非常擔心自己會被吃掉，
所以有點憂鬱。吾皇的掌上
明珠。

傲霸

中年貓，比吾皇年長，不能
接受被人類馴養，對人類保
持警覺，不屑與狗為伍，是
社區流浪貓之王。

逆風

陽光積極，不因自己的缺陷而自怨
自艾，努力向上，認定要做一件事
的時候十分執著，想放棄的時候倒
是十分果決。聽力不好，臉上有四
角星花紋，也是一區的貓老大。

目　錄

隱居中

請勿打擾

好評推薦

「一本畫面生動、趣味盎然的中國史，讓您不費吹灰之力，笑著閱讀歷史。」

—— 中央大學歷史研究所副教授兼所長｜皮國立

「歷史跟貓一樣，雖然看起兇又神祕但其實無比可愛！」

—— 「一歷百憂解」主持人｜李文成

「有貓就要給推！更何況還有那麼多生動趣味的歷史知識，學生們肯定會想把歷史課本換成這本！」

—— 《開箱臺灣史》作者、歷史教師｜吳宜蓉

喵的！
歷史哪有那麼難

本章人物介紹

大禹　吾皇

啟　人中

夏桀　傲霸

龍套　巴扎黑

話說，自盤古開天闢地、女媧造人起，
這片古老的大地便開始孕育一代又一代的人。

不過獨居生活實在有點孤單，於是血緣相近的宗族或氏族團結起來，
形成一個個小團體，這些小團體就叫做「部落」。

其中有三個地表最強的部落：
黃帝領導的姬姓部落、炎帝帶領的姜姓部落，
以及蚩尤帶隊的九黎部落。

由於大家誰也不服誰，
所以蚩尤找炎帝、黃帝約架，發動戰爭。
雙拳難敵四手，
蚩尤以一敵二，最終失敗。
自己的部落也被炎帝、黃帝併吞了。

三大部落相互融合，由此形成了華夏民族的雛形，
所以中國人也被稱為「華夏子孫」。

戰勝蚩尤後，黃帝統一了中原，
成為天下之主。後來黃帝老了準備退休，
就傳位給了孫子顓頊，顓頊又傳位給了帝嚳，
帝嚳又傳位給了兒子堯。

黃帝

顓ㄓㄨㄢ頊ㄒㄩˋ

帝ㄉㄧˋ嚳ㄎㄨˋ

堯

「父死子繼、兄終弟及」，
這期間實行的便是這樣的血統繼位制度。

喵的！歷史哪有那麼難

我要將王位傳給……

謝謝爹！

就是你！舜！

等到堯要傳位時，他想來點不一樣的，
於是不選擇自己的後人，
而是傳位給德才兼備的舜。
這就是現在所說的「禪讓制」。

• 禪讓：統治者把部落首領之
位讓給有才華、有能力的人，
讓更賢能的人統治國家。

後來，舜老了又禪位給禹，
而禹之所以能夠繼位，是因為治水有功。
那麼他究竟立了多大的功勞呢？

這就要說到堯治理天下的時候，
中原地帶洪水氾濫，莊稼、房屋遭受嚴重破壞，
百姓流離失所、愁苦不堪。

堯心想：這不行啊，有問題就得解決！
於是，他任命鯀治理洪水。

鯀採用障水法，在岸邊建設河堤，
短暫緩解了中原嚴峻的水患。

但是洪水來勢洶洶，水越積越高。
鯀治水歷時九年，都未能澈底平息這場水患。

鯀治水失敗後，
他的兒子禹繼承了洪水治理工作。

你爹的爛攤子
就交給你了！

遵命！

視察河道時，禹找到了父親治水失敗的原因，
決定放棄築堤堵水，改用開渠排水、疏通河道法。

來，往這邊走。

不過，
治水這事得從長計議。
於是，禹拿著各種測量工具，
越山河，測地形，
挖水道，訪四方。

在此期間，禹曾三次路過家門口，
但都忙得沒時間進去，滿腦子只想著治水大業。
這一治就是十三年，最後終於成功消除水患。

百姓非常感恩，終於不用再受洪水之苦，
又可以安居樂業了。
為表達對禹的感激之情，人們尊稱他為「大禹」，即「偉大的禹」。
大禹也因此成為舜之後的新首領。

大禹是個喜歡創新的人，
他覺得之前以部落聯盟為主的社會型態差強人意，
於是創造了「國家」這個新的社會型態，
還「順便」建立了中國歷史上第一個王朝──夏。

大禹老後，本來想禪位給一個名叫伯益的人，
但是人們更擁護禹的兒子啟，想讓他來繼位。
於是在眾人的大力推薦下，啟繼承了禹的王位。

啟繼位後，
廢除了堯舜禹時期的禪讓制，改用世襲制代替。

雖然世襲制有利於國家穩定，但百姓的生活可就動盪多了，
因為生活的好壞就此跟統治者的品格、能力相連。
如果統治者精明賢德，百姓安居樂業，國家蒸蒸日上。
參考代表：大禹。

如果統治者昏庸暴虐，百姓苦不堪言，國家日薄西山。
參考代表：夏桀。

夏桀

但我是哈士奇啊……

彪悍

提到夏桀這個人，
可得好好介紹。他本名為桀，
是夏朝第十七任君主，是個可以
「手搏豺狼，足追四馬」的人。

大家本以為他會是個勇武的君王，沒想到卻是個暴虐、生活淫亂之人。

我不裝了，我要擺爛！

這蓋得還不夠大！

桀整日不思進取，
驕奢淫逸，
不僅徵調大量百姓
為他修築豪華的宮殿……

喵的！歷史哪有那麼難

還從各地搜尋美女，藏於後宮……

你們是大王搜羅來的美女！不准逃！

媽媽……
我想回家……

她們才是，
你不是！

美喵們

為什麼我的心
更痛了……

他甚至重用奸臣，排擠賢臣，朝政更是乾脆放給它爛。

我為百姓貢獻！

我為皇上貢獻！

你被錄取了。

我真是個陽光大男孩！

最離譜的是，如此暴虐的桀，還自負地將自己比作太陽，不會滅亡。

怎會有如此厚顏無恥之人！百姓們終於受不了，紛紛表示大不了跟他這個「太陽」同歸於盡！

你若是太陽，我就是后羿！

與此同時，有個部落悄悄強大了起來。
這個部落呢，叫做「商」。

俗話說，敵人的敵人就是朋友。
商部落以討伐桀為由，召集各路勇士，聯合了其他部落。

最後大家齊心協力，
把夏桀的軍隊打得落花流水。
潰敗的桀被流放至南巢，最終死於亭山，
存續四百多年的夏朝也就此覆滅。

夏朝是中國的第一個朝代，
代表生產力水準的提高、
人類的進步，
也是中國奴隸社會的開始。
根據史書記載，
禹傳位於子啟，
改變了原始部落的禪讓制，
開啟了中國近四千年
世襲制的先河。
因此，中國歷史上的
「家天下」，
就是從夏朝的建立開始的。

【夏朝大事記】

大禹治水

傳說上古時期洪水氾濫，鯀受命治水，但成效不大，於是舜命鯀的兒子禹治水。

禹建立夏朝

約西元前 21 世紀，禹因治水有功，接受舜的禪讓，繼承首領之位，成為夏朝的第一位君主。

啟與家天下

大禹之子啟擊敗伯益等勢力後，確立了「家天下」的傳子制度，中國王位世襲制的歷史由此開啟。

太康失國

繼位夏啟的太康，沉迷於聲色酒食，荒淫無道，引起內亂，被東夷族有窮氏首領后羿奪取王位。

少康中興

奪得夏王位不久後，后羿爲親信寒浞所殺。接著，寒浞又殺夏王室仲康之子姒相，姒相留下遺腹子少康。在夏遺臣的支援下，少康滅寒浞，恢復並進一步鞏固了夏王朝的統治。

夏桀亡國

約西元前17世紀，夏朝的第十七任君主夏桀，荒淫殘暴，不理國事，最終引發內外動亂，爲商湯所滅。

神話傳說

精衛填海

　　相傳精衛本是炎帝神農氏的小女兒，名字叫女娃。一天女娃到東海遊玩，溺於水中，化作花腦袋、白嘴殼、紅色爪子的一種神鳥，每天從山上叼來石頭和草木，投入東海，然後發出「精衛、精衛」的悲鳴，好像在呼喚著自己。後世常用「精衛填海」，比喻不畏艱難、勇往直前的精神，或報仇雪恨的決心。

夸父逐日

　　相傳上古時期夸父族首領夸父想摘下太陽，於是開始逐日，和太陽賽跑。喝乾黃河、渭水解渴後，在奔向大澤途中渴死。死後，他的手杖化作桃林，身軀化作夸父山。後世常用「夸父逐日」，比喻決心大或不自量力。

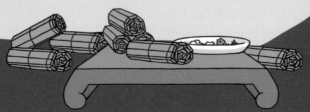

后羿射日

　　相傳堯時天上有十顆太陽一同出現，導致大地出現嚴重旱災。百姓不僅饑餓無食，還要遭受不少毒蛇猛獸的侵害。為了拯救蒼生，后羿受命擊殺惡獸，並張弓搭箭，射下了九顆太陽，只剩下一顆每天東升西落，照耀人間，滋養萬物生長。後世常用「后羿射日」，比喻為民除害的英雄行為。

嫦娥奔月

　　相傳射日英雄后羿從西王母那裡求得不死之藥，尚未服用，他的妻子便將藥偷來服下，得以升天奔月，成為月精蟾蜍。經後世不斷演變，嫦娥竊藥化為蟾蜍的說法逐漸改變，嫦娥成為一位能歌善舞的美貌仙子，住在廣寒宮中，那裡有搗藥的玉兔、伐桂的吳剛。通常，引用「嫦娥奔月」這一神話傳說，具有追求自由與幸福的含義。

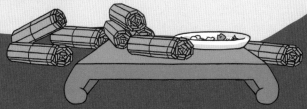

典故

塗山之會

為鞏固王權，確立共主地位，大禹召集眾邦國、部落首領在塗山舉行了一次重要朝會。後世以此典故，指帝王臨朝或召會群臣。

禹鑄九鼎

傳說禹在治水成功後，將中國原地區劃分為九個州——冀州、兗州、青州、徐州、揚州、荊州、豫州、梁州、雍州，並向各州徵收青銅器鑄成九鼎，作為統治全國權力的象徵。後世以九鼎作為傳國之寶，借指政權。

五子之歌

相傳因太康失國，太康的五個弟弟極為痛心，在洛水之北做了〈五子之歌〉，抒發國都被占的哀怨之情。

間諜女艾

少康手下的女性將領，曾幫助少康到寒浞之子寒澆的封地刺探情報，是少康消滅寒浞勢力的重要力量。從現有史料來看，女艾是中國歷史上首位，也是世界上最早有記載的女間諜。

厚德載物，雅量容人。

 # Notes

喵的！
歷史哪有那麼難

本章人物介紹

商湯　吾皇

武丁　巴扎黑

商紂王　牛能

商朝

2

上回說到夏桀的軍隊被商部落擊敗，夏朝就此覆滅。

有一個人在偷懶，就會有另一個人在勤奮努力，
這個偷懶的人是夏桀。

而這個勤奮的代表，就是商部落的首領——湯。

湯，史稱「商湯」，知人善任，積極治國，勤政愛民。

正是在他的努力和帶領下，
商部落的實力蒸蒸日上。

還是我治國有方！

湯帶領部隊從周邊小國下手，經過大大小小共十一次戰役，
使夏王朝變得空前孤立無援。

誰來救個駕⋯⋯

我來！

最終，
湯在鳴條之戰中打敗夏桀，
一舉滅夏。

推翻夏朝後，
湯建立了中國歷史上的
第二個王朝──商，
這也是中國歷史上第一次改朝換代。

得益於湯的治國有方，商朝前期實力特別強大。

老大……

老大……

然而湯死後，商朝的國力便開始日漸衰落。
不僅內憂外患，甚至經常被周邊小國欺負。

此時的商朝面臨巨大的困境，急需一位扭轉乾坤之人。
這個時候，他站出來了！

他就是商朝第二十三任國君
——武丁。

對，就是我！

武丁

爺，我們今天吃什麼啊？

與其他君主不同，
武丁從小就被他爸丟到民間，
與百姓們一起工作、生活。

你吃土去吧！

……

在民間的這些日子裡，他得以了解百姓們的疾苦。

武丁繼位後，身邊並非沒有可用之才，
但他舉賢不分貴賤，提拔了雖是奴隸出身，能力卻很好的傅說當宰相。

傅說也沒有辜負武丁的信任，將朝廷內外治理得井井有條。

在當時，
敢讓奴隸當宰相就已經很驚人了，
武丁還是讓自己的老婆婦好來當大將軍！

誰說女不如男！
婦好多次征戰沙場，
為商朝開疆拓土立下了汗馬功勞。

內有傅說輔政，外有婦好能征善戰，
商朝開始由衰轉盛，
政治、經濟、文化、軍事都得到了空前發展。

正因武丁在位期間唯才是舉、勤修政事，
商朝得以再一次繁榮興盛，
這也就是我們常說的「武丁盛世」。

武丁死後，這樣的太平盛世並沒有持續下去，
商朝國內矛盾反而日益激烈，各方諸侯也起來反叛。
最後，商朝的國力衰落到了極點。

這裡不得不提到商朝的
最後一任君主——紂王。

紂王原名為帝辛。他天資聰慧，
在位前期，很重視農業和社會生產力的發展，
使得國力很強盛。

於是，紂王開始自滿，
每日沉迷於飲酒作樂，生活糜爛。

他逐漸不修內政，重用小人。

我這麼優秀，摸點魚有什麼關係！

好，給你升職！

大王，這是我編寫的
《摸魚的一百種方法》。

反對他的人，他就使用酷刑壓迫，還殘害人民，引起公憤。

在此期間，他不斷對外征伐，耗費了國家大量的物力財力。

長期的戰爭導致商朝國力衰落。
隔壁的周武王一看，正是推翻的大好機會！

再加上兩人之前早有過節，
於是周武王趁此機會
立刻出擊，發動了戰爭，
史稱「牧野之戰」！

- 牧野之戰，是周武王聯軍與商
  朝軍隊在牧野（今中國河南省
  北部）進行的決戰。

商軍在這場戰爭中潰敗，
帝辛最終自焚而死，商朝滅亡。

帝辛死後，周武王給了他一個惡諡「紂」，
因此被後人稱為紂王。

就是不斷埋下的種種隱患，
最終造成了紂王的敗北以及商朝的滅亡。

• 惡諡，指含貶義的諡號。

整體來說，
作為中國歷史上的第二個朝代，
商朝處於奴隸社會的鼎盛時期，
統治階級建立起龐大的
官僚體制和強大的軍事力量。
商朝出現的青銅器、甲骨文，
促進了中國文明的發展；
商朝的建立也大大推動生產力
及經濟的發展，
加速了私有制的形成。

【商朝大事記】

○ **商湯建國**

約西元前 17 世紀，鳴條之戰滅夏後，湯建立商朝，定都於亳。

○ **九世之亂**

商朝前期，中丁至陽甲五代九王統治期間，由於王位繼承制度不固定，多次發生「弟子或爭相代立」的事件，導致王朝中衰，諸侯離叛。

○ **盤庚遷都**

盤庚繼位後，遷都於殷，國家終於穩定下來。

武丁盛世

武丁在位期間，得傳說等人的輔佐，使得商朝國力達到
鼎盛階段。

祖甲改制

祖甲在位期間，建立了完備的周祭制度，並在晚年開創
了王位嫡子繼承制。

武王伐紂

西元前 1046 年，商朝末年，紂王的殘暴統治無以爲繼，
最終周武王率領聯軍於牧野擊敗商軍，一統中原。

甲骨文

商代王室刻在龜甲、獸骨上的紀錄性文字，上
承原始刻繪符號，下啟青銅銘文，是漢字發展的關
鍵形態，也是迄今為止發現最早具有完整體系的漢
字。

商朝時期，甲骨文的使用與占卜活動密切相
關。對商代統治者而言，占卜是極為重要的，涉及
國境安全、年成豐歉、祖先及神靈祭祀等事務的決
策。商人的占卜活動也有嚴格的程序和制度，不僅

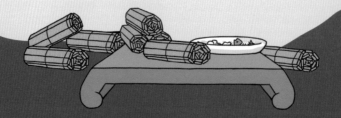

要刻記下占卜的時間、卜者的名字、卜問的內容，
還要記錄預測及最後應驗的情況。因此對這些活動
的紀錄，也構成了那一時期甲骨文的主要內容。

甲骨文	金文	小篆

隸書	楷書	小篆

以「人」為例，看漢字的演變過程，
甲骨文可說是漢字發展最為關鍵的階段。

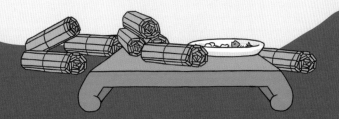

願者上鉤

　　商朝末年，紂王當政，有個名叫姜尚的人懷才不遇，隱居於陝西渭水之濱，常於磻溪靜坐垂釣。

　　他的釣法特別：桿短線長，釣鉤筆直，不用誘餌，使直鉤離水面九十公分以上。此外，他還邊釣邊自言自語：「不要命的自己上鉤來。」路過的樵夫見了笑他，他卻毫不介意，還念念有詞地說：「短桿長線守磻溪，這個機關哪個知；只釣當朝君與臣，何嘗意在水中魚？」

　　後來他時來運轉，遇到了周文王。周文王「上了鉤」，請他入朝，以他為相。文王死後，他輔佐文王的兒子武王大舉伐紂，消滅了商朝，建立了周朝。由於他卓有功績，被尊為太公。

　　後世常用「願者上鉤」，形容心甘情願上當吃虧。

愛屋及烏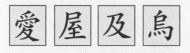

周武王東征伐紂，紂王大敗，自焚而死。武王認為天下尚未安定，心中惶惶不安，召見姜太公：「進入殷商之地後該怎麼辦呢？」姜太公回答：「有這樣一種說法，喜愛一個人，就連他房屋上的烏鴉也會愛惜；憎惡一個人，就連他屋外的籬笆也會討厭。以此來對待商朝的臣民，怎麼樣？」後世常用「愛屋及烏」，來形容喜愛某人而隨之喜愛與其有關的事物。

酒池肉林

相傳暴君商紂王用七年功夫和成千上萬的人力，在京城朝歌建造高千尺、廣三里的鹿台和許多華麗的宮室，置珍禽異獸於宮苑之中；用酒裝滿池子，把肉掛在樹上，稱之為「酒池肉林」；命男女裸體，互相追逐嬉戲，令樂師作淫聲靡樂，窮奢極欲，逸樂無度，通宵達旦。後世常用「酒池肉林」，來形容極其奢侈、糜爛的生活。

苟日新, 日日新, 又日新。

Notes

_____
_____
_____
_____
_____
_____
_____
_____
_____
_____
_____
_____
_____
_____
_____
_____

喵的！歷史哪有那麼難

本章人物介紹

周文王　吾皇

周武王　人中

周幽王　傲霸

褒姒　巴扎黑

喵的！歷史哪有那麼難

上回說到周武王成功討伐紂王，
大破商軍，由此建立了周朝，史稱「西周」。

上回也提到周武王發動戰爭，不僅是因為有機可乘，
雙方之間本身就存在過節。
那這個過節究竟是什麼呢？

過節？過春節
的意思嗎？

這裡的「過節」，
是指有過矛盾、
糾紛的意思！

啪

其實梁子早在上一代就結下了。
因此，在說周武王之前，我們要先聊聊他的父親──周文王。

周文王

周文王，姓姬名昌，
在位期間廣施仁政，任用賢才，
為人親和，深受百姓愛戴。

當時的周文王還只是商朝的一個方伯，根本沒被商朝統治者放在眼裡。

曾經的你，我看都不看！

• 方伯，殷周時代一方
諸侯之長，後泛指地
方長官。

憑藉周文王的治國有方，
周國日益昌盛，不斷開疆拓土，
與周邊小國結盟，勢力越來越大，
以至於威脅到了商王朝的地位。

現在的你，是我
心腹大患！

感到焦慮和擔憂的商王朝，
決定透過一些手段
來遏制周的發展。
於是，氣急敗壞的商紂王下令把
周文王關起來。

一聽到這個消息，知道商紂王貪戀財色的周文王部下，
送去大量的金銀珍寶，才成功贖回自己的大王。

出獄後的周文王繼續兢兢業業地治理國家，
同時暗暗記下這個仇。

這些是帝辛與我的仇，你替我報！

……

周文王死後，周武王姬發繼位。
他繼承父親的遺志，
對內重用賢臣，用心治國；
對外聯合各個諸侯國，
壯大力量，
周國也因此蒸蒸日上。

當時的商朝已經一片混亂，
周武王一直為滅商而準備，
等待著一舉得勝的好時機。

報告！對面亂得像狗窩似的！

大家等等，再觀察觀察……

在這期間，
周國軍隊曾有機會發起進攻。
當時都已經出動了，
但周武王感覺時機尚未成熟，
又下令撤兵回去繼續觀察。

這一觀察就是兩年。

兩年後，商朝已是眾叛親離、分崩離析。
周武王認為時機已經成熟，便聯合周邊各路好漢，
共同討伐商朝，最終大獲全勝。

周王朝建立後，
所要面對的政治形勢還是很嚴峻。
畢竟周武王出身小諸侯國，
要想統治這麼大的區域，還需要一些有效的方法。

這麼大的江山
該怎麼治理……

於是，為了鞏固政權，防止周邊的諸侯國叛亂，
西周實行了以周王室為中心的統治制度——封建制。

什麼是封建制呢？
就是將功臣、親族、貴族分封到各地，讓他們建立並統治旗下的諸侯國。
同時，這些人又受到周天子的控制，層層管理。

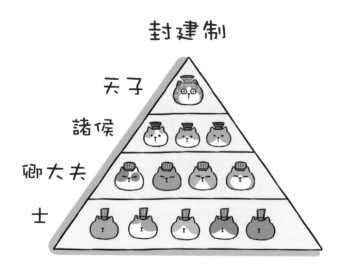

這樣既能讓百姓知道討伐紂王是為了弔民伐罪；
又能讓立功之人得到獎賞，鼓舞人心；
還在新開發的地域上建立儲備力量。

然而，剛穩定沒兩天，周武王便因過勞而「駕崩」了。

不過憑藉全面實行的封建制，西周的統治依然穩固，
國力甚至在成康之治時達到巔峰！

• 成康之治：西周初期，周成
王、周康王統治下形成的盛
世局面，是中國歷史上的第
一個黃金時代。

但是再好的盛世，也經不起昏君的折磨。
周幽王繼位後，每天沉迷於褒姒的美色。為了博她一笑，
甚至跟國家、百姓開起了玩笑。

當時，國家有大難才會點燃烽火，
升起狼煙作為信號，好讓諸侯國看到消息後馬上派兵支援。

但周幽王才不管那些。為得褒姒一笑，
他在沒有任何危險的情況下點燃了烽火。
大家紛紛趕來後，發現並無異常，
才明白原來是周幽王弄出來的一場鬧劇！

這就是我們常說的
「烽火戲諸侯」。
正是因為周幽王的玩笑，
後來他真正遭受危險，
點燃烽火之時，
就沒有人願意相信並前去營救了。

這回是真的需要救駕！

別理他，繼續玩！

沒錯！

最終幽王在驪山下被殺，西周也就此滅亡。

毫無疑問地，
周武王實行的封建建國策略，
大大鞏固了王權，
加強當時周王朝的統治，
使中國由氏族社會
逐漸走向封建社會。
西周作為中國奴隸社會的鼎盛時期，
社會生產力明顯比之前要提高許多，
農業和文化
也有進一步的發展。
西周盛行的「天下一家」思想，
在兩千多年後的今天，
也仍然是許多人努力追求的目標。

【西周大事記】

○ **武王滅商建周**

西元前 1046 年，周武王滅商，建立西周，定都鎬京。

○ **周公攝政**

周武王死後，因繼位的周成王幼，周文王第四子——周公旦攝政七年，完善了一系列制度，被後世尊爲「元聖」。

○ **成康之治**

西元前 1042 年至西元前 995 年，周成王、周康王執政時期，遵循周公建立的典章制度，「明德慎罰」，緩和社會矛盾，使天下安寧，「刑錯四十餘年不用」。

○ **昭王南征**

周昭王繼位後，試圖繼承成康事業，兩次率軍南征伐楚，但最終失敗，全軍覆沒，自己也溺死漢水之中。

○ **穆王西巡**

打敗犬戎部落後，周穆王率大軍西巡至崑崙山一帶，向西北諸多部落展示周朝國力。

國人暴動

由於周厲王的殘暴統治，國人（居於都城之人）忍無可忍，終於在西元前841年於國都鎬京發動大規模武裝暴動。

周召共和

西元前841年至西元前828年，國人暴動後，大臣周定公和召穆公出面收拾殘局，共同執政，從此中國歷史有了明確的紀年。

宣王中興

西元前828年至西元前782年，鑒於國人暴動的教訓，周宣王繼位後重用召穆公、周定公、尹吉甫等賢臣，整頓朝政，使王道已衰的周朝王室得到短暫復興。

幽王失國

西元前771年，犬戎攻入西周都城鎬京，因烽火戲諸侯而失信於天下的周幽王被殺於驪山下，西周滅亡。

重要概念

宗法制

由氏族社會的父系家長制演變而來，貴族按血緣關係分配國家權力，以便建立世襲統治的一種制度，核心是嫡長子繼承制。

封建制

周天子為鞏固統治，將土地及居民分封給王室子弟，令其建立諸侯國的制度。諸侯的義務是服從周天子的命令，定期向周天子朝貢，提供兵力隨從周天子作戰等等。封建制的推行穩固了周王朝的統治，擴大了王朝的統治範圍，同時也提供了機會，讓中原各古老部族進一步交融，從而為民族的形成奠定了基礎。

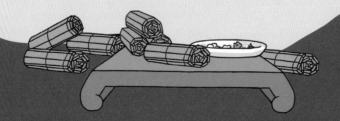

禮樂制

　　為維護封建制而建立的文化制度，分禮和樂兩個部分。「禮」就是指各種禮節規範，「樂」則包括音樂和舞蹈。

　　以禮樂為工具來維護周天子的宗法統治，形成了周代特色的禮樂制度、禮樂文化和禮樂文明，對後來歷代王朝的發展都產生了重大而深遠的影響。

典　故

夜以繼日

　　周公旦攝政期間，為了把政事辦好，他一心學習夏、商、周三代的君王，每天都要檢查政事是否做得夠正確、夠完美。若發現有事情做得不夠妥當，不能實際解決問題，就抬起頭思考，白天想不好，夜裡繼續想；如果想出了好辦法，便坐著等待天亮，再馬上付諸施行。後世常用「夜以繼日」，形容不辭辛勞地工作。

覆水難收

　　相傳姜太公的妻子馬氏，由於不堪貧賤而離開了他。等到姜太公富貴了，她又來要求恢復夫妻關係。姜太公於是把一壺水倒在地上，要馬氏把水收起來。他對馬氏說：「要想重歸於好，就如倒在地上的水難以收回一樣。」後世常用「覆水難收」，形容事情已成定局，難以挽回；或形容夫婦離異，難以復合。

褒女惑周

　　周幽王的寵姬褒姒不愛笑，周幽王爲了博她一笑，竟點燃烽火。諸侯以爲是周朝有敵來犯，於是紛紛前來救援，抵達後才知道是周幽王戲弄他們。褒姒看到諸侯匆忙趕來的樣子後大笑不已。

　　後來犬戎攻打幽王，幽王點燃烽火招諸侯前來救援，卻沒有一個諸侯來救。犬戎在驪山下處死幽王後，把褒姒也擄走了。

　　後世常用「褒女惑周」，形容女子惑主亡國。

行必履正，無懷僥倖。

Notes

_____

_____

_____

_____

_____

_____

_____

_____

_____

_____

_____

_____

_____

_____

_____

_____

喵的！
歷史哪有那麼難

本章人物介紹

管仲　吾皇

齊桓公　巴扎黑

鮑叔牙　人中

公子糾　牛能

周平王　逆風

齊桓公

4

周幽王死後，周朝群龍無首，
之前被廢的太子宜臼被諸侯推崇為王，即周平王。

萬歲！

萬歲！

周平王繼位初期，
國內局勢依舊動盪，而且長期受到外部侵擾，
於是周平王將首都東遷到洛邑，史稱「東周」。

但是周平王威望大不如前，有些諸侯不再聽命於周王室，
並在此期間不斷累積力量，摩拳擦掌、躍躍欲試。

於是，
強大的諸侯們便爭相稱霸，
紛亂的春秋時期
也就此拉開序幕。

在如此混亂的背景下，五個強大國家的君主脫穎而出，
被稱為「春秋五霸」！

這一章就先來講講其中的一霸——齊國的齊桓公。

齊桓公的本名很有意思，叫作小白。
當上齊國的一國之君前，小白要和他的兄弟公子糾競爭齊國的君位。

當時的齊國國內局勢動盪，急需一個君主統領全域，
但兄弟倆都身處異國他鄉，所以誰能率先趕回國內，
誰就能搶奪先機，掌握政權。
於是，兩人便開始了與時間賽跑的「遊戲」。

公子糾的大臣管仲靈光一閃，
意識到如果途中幹掉對手，就能「穩贏」！
於是，管仲提前出發，埋伏在半路準備刺殺小白。

千等萬等，終於等到小白出現。
管仲一箭射出，射中啦！

喵的！歷史哪有那麼難

但箭射在小白腰帶的掛鉤上。小白假裝倒地而死，
管仲心滿意足地回去報捷，小白這才逃過一劫。

> 還好我是實力派演員……

公子糾一想，小白已死，
也就沒必要急著趕路了，便放慢回國的腳步。
然而，小白卻早已抵達齊國，被立為國君。

齊桓公一直想抓管仲來好好處置一番，
報「一箭之仇」！

但是他被自己的親臣鮑叔牙攔下了。
鮑叔牙早年就和管仲相識，哥兒倆有過好交情，人稱「管鮑之交」。
鮑叔牙表示，管仲能力很強。

齊桓公聽從鮑叔牙的建議，用計將管仲接到齊國，
並隨後拜管仲為相，將國家的政事委託給他，兩人就此冰釋前嫌。

管仲果真能力出眾，注重改革，重視商業，
上任不久便成了齊桓公的左膀右臂。

在管仲的輔佐下，
齊桓公的執政逐步走上正軌。
君臣同心、勵精圖治，使齊國日益強盛。

GDP

為了獲取周天子信任和其他諸侯的敬畏，
並在政治上取得優勢，
齊桓公聽取管仲的建議，
開始打出「尊王攘夷」的旗號。

什麼是「尊王攘夷」呢？
當時，周天子的權威已經大大減弱，
受到不少外界勢力的挑戰。

這時齊國便以自己「諸侯長」的身分站了出來，
無條件地支援、尊崇周天子！

要欺負他，先問我答不答應！

有敵人就攻打，有糾紛就調解！
齊國憑藉自己強大的實力，
替周天子解決了不少問題。

同時，周天子保住了「大哥」的面子，非常開心！

齊桓公的做法，不僅樹立了威信，讓周邊的諸侯國折服；
同時也讓周天子承認自己霸主的地位，
使其成為春秋時期的第一個霸主。

然而，齊桓公晚年卻變得十分昏庸。
管仲臨死前曾囑咐齊桓公，
不要重用小人。

不要重用小人……

嗯嗯嗯……

老大！他們在搜刮百姓的貓糧！

什麼？他們在給百姓分發貓糧？

但齊桓公壓根不聽，
覺得那些小人都很不錯，
不僅重用他們，還讓他們專權。

自此齊國日漸衰落，最終爆發內亂，
而齊桓公也在內亂中重病而死。

我好像看見管仲
來接我了……

齊國的稱霸之路
自齊桓公起，至齊桓公終。
齊桓公能夠稱霸，
更多的還是要歸功於管仲的輔佐。
在那樣一個亂世中，
能只將武力用於震懾，
而依靠寬厚待人的方式樹立威信，
實屬難得，
也成功地讓齊國從各國中脫穎而出。
齊桓公當時推行的改革和政策，
都積極地維持社會穩定、帶動經濟發展、
促進諸侯國間的交流和貿易，
雖然說實力就是王道，
只要實力強就有機會稱霸，
但有時候一步錯，
就有可能步步錯，因而走向衰落。

【齊桓公大事記】

桓公即位

西元前685年，殘暴昏庸的齊襄公被殺後，避禍於莒的齊桓公回到齊國奪得君位。

桓公改革

齊桓公即位後，任用管仲爲相，進行了一系列的改革，使得齊國國力迅速上升。

北杏會盟

在管仲建議下，齊桓公打出「尊王攘夷」的旗號，於西元前681年召集宋、陳、邾、蔡等諸侯國在齊國北杏舉行大會，他被推爲盟主，稱霸之業開啓。

鄄地會盟

西元前679年，齊桓公召集沒有參加北杏會盟的衛、鄭、陳以及中途退出的宋國在鄄地會盟，使大多數諸侯認可了他的霸主地位。

北攻山戎

西元前 664 年，齊桓公率大軍北攻侵犯燕國的山戎，一直打到孤竹，解決了燕國之危。 隨後，齊桓公又聯合宋、曹等國，制止了狄人侵擾，並幫助邢國築新都夷儀、為衛國建楚丘，因而在諸侯中威望日高。

召陵之會

西元前 656 年，齊桓公率領齊、魯、宋、鄭等八國之師，先討伐依附楚國的蔡國，再兵臨楚地，責問楚國不向周王室納貢之罪，迫使楚在召陵會盟，從而阻止了楚國的北進。

葵丘會盟

西元前 651 年，齊桓公在葵丘大會諸侯，周天子也派使臣參加，齊正式確立霸主地位，成為春秋時期首霸。

霸業轉衰

管仲死後，齊桓公誤用豎刁、易牙、開方等奸臣，導致國力漸衰，死於小人之手，並引發王位繼承紛爭，最終使齊國走向沒落。

重要概念

春秋五霸

西周滅亡，東周建立之後，中國歷史進入春秋時期。此時，周天子地位下降，需要一個諸侯之長說明自己統治天下。春秋五霸，其實就是指五個具有代表性的諸侯之長，他們負有尊奉周天子的責任，同時還有帶領其他諸侯抵抗外族入侵的義務。然而，由於論者的評判標準不同，春秋五霸究竟指哪五個人就有了不同的答案。其中，比較知名的說法包括以下幾種：

齊桓公、晉文公、秦穆公、楚莊王、宋襄公（《史記》《左傳》）。

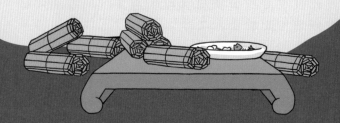

齊桓公、晉文公、楚莊王、吳王闔閭、越王勾踐（《墨子》《荀子》）。

　　齊桓公、晉文公、秦穆公、楚莊王、吳王闔閭（《白虎通義》）。

　　齊桓公、晉文公、秦穆公、楚庄王、越王勾踐（《四子講德論》）。

　　事實上，在漫長的春秋時期，在一定區域或時間範圍內，能夠達到稱霸水準的諸侯絕不僅僅只有五名，齊桓公、晉文公等不過是其中更為知名的代表。

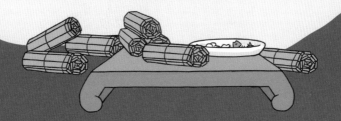

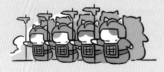

一匡天下

　　據《論語》記載，有次孔子和學生子路、子貢一起評論管仲。

　　子路說：「齊桓公殺了哥哥公子糾，公子糾的老師召忽自殺了，而管仲（也是公子糾的老師）卻不去死。這恐怕不能說是仁德的表現吧？」

　　孔子說：「桓公九合諸侯，停止了各諸侯國之間的爭戰，這可都是管仲推動的。這就是管仲的仁德，這就是管仲的道義。」

　　子貢則說：「管仲不能算是有仁德的人吧？桓公殺公子糾，管仲不僅沒有以身殉職，還去輔佐齊桓公，成為他的宰相。」

　　孔子說：「管仲輔佐齊桓公，稱霸諸侯，一匡天下，人們直到現在還因他受益。若沒有管仲，我們都會披頭散髮，衣襟向左邊開了（指淪為夷狄）。難道能要他像一般老百姓一樣為了小節，自殺於山溝之中而不讓人知道嗎？」

　　後世常用「一匡天下」，形容糾正混亂局面，使天下安定。

老馬識途

　　春秋時期，燕國被山戎攻打，齊桓公領兵救援燕國，大敗山戎。山戎王逃往孤竹國。

　　齊桓公繼而討伐孤竹國，得勝返國，然而來時春返時冬，齊軍誤入迷谷。這時管仲說：「能用上老馬的智慧了。」於是齊軍放開老馬，讓牠們走在隊伍前頭，最終找到了歸路。

　　後世常用「老馬識途」，形容人富有經驗、閱歷。

齊桓之功，為霸之首。

Notes

喵的！
歷史哪有那麼難

本章人物介紹

秦穆公　吾皇

夷吾　牛能

驪姬　傲霸

楚成王　逆風

晉文公　巴扎黑

5

晉文公

介紹完「春秋五霸」中的一霸，
接下來聊聊另一位具有代表性的霸主——晉文公。

晉文公名「重<ruby>耳<rt>ㄔㄨㄥ</rt></ruby>」耳，
從小謙虛好學，很善於結交有才的人。

小明為什麼沒帶
筆去學校？

汪！

沒錯！答案就是
「忘」！人才！
加入我吧！

他的父親晉獻公有好幾個兒子，
重耳雖然年紀最大，但不是嫡子。

喵的！歷史哪有那麼難

爸爸！ 爸爸！ 爸爸！

• 嫡子，指正室所生之子。

晉獻公好內，多內寵，
晚年很寵愛名叫驪姬的妃子。
不料驪姬很有心機，
不惜用盡手段讓自己的兒子繼位！

老公，
你就讓我們兒子
當太子吧！

爸爸，你就
答應媽媽吧！

驪姬迫害了當時的太子，又逼重耳和他的弟弟夷吾逃亡國外。
這段動亂歷史被後人稱為「驪姬之亂」。
於是，重耳開始了自己的逃亡之旅。

他帶著幾名大臣逃到母親的老家——翟國。

在此期間，晉獻公去世，擁護原太子的卿大夫們趁機作亂，
殺死驪姬和她的兒子，並來到翟國，想邀請重耳回國繼位。

但重耳的意願並不高，便以禮儀之由婉言謝絕了。

A 計畫行不通，那就施行 B 計畫！
卿大夫們又派人到梁國迎接夷吾。

我們保你上位！

夷吾上位後，
覺得請他回國的這群人
是先找重耳，
之後才找他，心意不誠，
於是下令把他們都給殺了！
這引得眾人十分不滿。

我保你們上天！

夷吾雖然上位了，但哥哥重耳在國內的呼聲更高。
夷吾心有不快，又下令派人去追殺重耳。重耳只能再次出逃。

這次他決定投靠已經稱霸且體恤諸侯的齊桓公。

流浪的路上，
重耳一行人先途經衛國。
衛文公看他們落魄，沒有好好招待，
重耳等人便離開了。

重耳到達齊國後，齊桓公以厚禮招待重耳，
　　並把自己同族的一個少女嫁給了他。

重耳在這裡生活得非常愜意，
　　逐漸沒有想要回國的念頭。

齊國

感謝齊王，讓我
登上人生巔峰！

但是好景不長，齊桓公去世後，齊國面臨內憂外患。
　　重耳身邊的大臣和妻子都勸說他快離開這裡，
　　重耳卻拒絕了，覺得這樣安逸地活著挺好的。

世界這麼大，不想
出去看看嗎？

我只想靜靜！

眾人無奈，只好用計灌醉重耳，
趁機把他裝進車裡，離開了齊國。

重耳醒來後勃然大怒，
身邊大臣們紛紛表示自己之所以願意跟隨重耳，
只是希望有一天他能回到晉國當上國君，
讓國家富強，造福那些支援他的百姓們。

你可以奪走我們的生命，
但不要忘了你的使命。

聽到這些,重耳逐漸想通,
澈底覺醒。

老天爺,這一切都
是要考驗我嗎?

隨後重耳來到曹國。
曹共公很是無禮,
好奇重耳身上的「駢ㄆㄧㄢˊ脅ㄒㄧㄝˊ」,
於是趁重耳洗澡的時候進來偷看。
惹得重耳非常生氣。

曹國

快讓我看看!

什麼人啊?

• 駢脅,指肋骨緊密相連如同
一個整體,屬生理畸形。古
人認為這是聖人之像。

離開曹國，重耳又來到了宋國。
不料此時宋國剛吃了一場敗仗，
自身又是小國家，
根本無力助他回國。

宋國

我也想幫你，
但愛莫能助。

……

重耳又來到鄭國尋求幫助，
結果鄭文公根本瞧不起他，直接將他趕了出去。

鄭國

喵的！歷史哪有那麼難

四處逃亡的日子實在難熬，
重耳一行人甚至多次餓得饑不擇食。

> 菜我畫完了，配點想像力開動吧……

但是再苦再累，也沒有動搖重耳回國的心。

> 雖然美食是假的，但我們
> 想回國的心是真的！

> 嗯！

四處遊蕩的重耳，最終來到了楚國。

楚成王並沒有瞧不起他，
而是用對待諸侯的禮節盛宴招待了重耳。

多謝款待！

宴席上兩人相談融洽。
楚成王問重耳，今後將怎麼回報他。
重耳笑了笑，表示如果自己當上國君，
將會在晉楚兩國發生戰爭那天，
命令軍隊「退避三舍」！

楚成王對這個回答非常滿意。
這種態度也體現了重耳的格局：
即使當下落魄，也絲毫不影響自己回國稱王的決心！

嗖——

四十五公里

在這裡插個嘴：後來重耳真的即位了！
即位四年後，楚晉兩國也真的開戰了！
重耳兌現了他當初的諾言，下令讓軍隊退後「三舍」。
（一舍等於十五公里）

再講回當時：就這樣，重耳在楚國待了幾個月。
突然有一天，秦國的秦穆公邀請他去秦國做客。
重耳沒多想，覺得秦國離晉國更近些，便去了。

在秦國，
秦穆公對重耳也是各種厚待，
並且開門見山地表示，
自己會全力幫助重耳回晉稱王。

讓我助你
成王吧！

你才是「王八」！

經歷了多年苦難，命運終於開始眷顧重耳。
在秦穆公的幫助下，重耳回到晉國。

打敗晉懷公（夷吾之子）之後，重耳終於當上國君。
這時他已經六十二歲，在外逃亡了整整十九年。

本王回來了！！

回國後的重耳以德報怨，以孝治國。
大器晚成的他，贏得廣大臣民的尊敬。
整個國家在他良好的治理下，呈現出欣欣向榮的景象。
晉國的國力也因此大大提升。

晉文公沒有辜負給予他信任之人的期望，
經受住命運對他的考驗，最終成為強大的霸主。

晉文公一生經歷許多磨難，
但無論在怎樣的困境中，
他都沒有選擇放棄。
晉文公的成功並非一朝一夕，
而是透過他自身不斷努力
才取得的。
他雖然在位的時間不長，
但盡職盡責，成績也非常突出。
不僅建立霸業，
也促進國家的發展和繁榮，
使晉國成為春秋時期的
一個大國。

【晉文公大事記】

○ **流亡生涯**

因晉獻公寵驪姬，殺太子申生，立驪姬所生幼子爲嗣，晉文公被迫逃往國外避難十九年。

○ **回國即位**

西元前 636 年，在秦穆公的幫助下，晉文公回國即位。

○ **文公改革**

即位後，晉文公任用趙衰、狐偃、賈佗、先軫等改革政治，發展生產，安定人心，使晉國很快就強盛起來。

○ **平亂尊王**

西元前 635 年，晉文公出兵幫助周襄王平定周室王子帶之亂，迎襄王復位，繼以「尊王」旗號，積極向中原發展勢力，欲稱霸諸侯。

○ **晉楚矛盾**

西元前 634 年，楚國藉口宋國投靠晉國，發兵攻打宋國。爲了擊楚救宋，晉文公決定攻打楚國的屬國曹國和衛國，晉楚矛盾激化。

城濮之戰

西元前 632 年，滅掉曹、衛兩國後，晉文公率領諸侯聯軍，在城濮擊敗楚國大軍，奠定霸業。

踐土之盟

在城濮擊敗楚國之後，晉文公召集齊、魯、宋、蔡、鄭、衛、莒等國在踐土舉行盟會。周襄王派使者來賀，正式策命晉文公爲「侯伯」，認可其霸主地位。

聯秦伐鄭

西元前 630 年，晉文公以鄭國從前無禮爲由，聯合秦國攻打鄭國，因秦軍被鄭文公派人説退而退軍。

晚年病故

西元前 628 年，晉文公因病去世。

習俗小故事

清明寒食

　　相傳晉文公流亡列國期間，介子推不畏艱難跟隨左右，在最困難的時候還割下自己大腿上的肉供晉文公充飢。在晉文公回國做了國君後，介子推卻不求功名利祿，與母親一同隱居到綿山中。晉文公找不到他，便放火燒山逼他出來。誰知他矢志不移，竟抱樹而死。文公為了悼念介子推，下令禁止在他死的這一天燃火煮飯，以後相沿成俗，叫做寒食禁火。清明節前一天（或兩天）為寒食節，家家都要禁煙火，只能吃預先做好的冷食，所以叫「寒食節」。

典　故

退避三舍

晉文公重耳早年流亡楚國，與楚成王相處得很好。

有一天，楚成王問重耳：「要是你回去做了晉國的國君，要用什麼來報答我呢？」

重耳說：「如果託你的福，我做了晉國國君，那麼將來晉楚之間假使發生戰爭，在戰場相遇，我就後退四十五公里。」

後來重耳果然回國做了國君。不久，楚國侵犯宋國，晉國應宋國的請求，與楚國交戰。當晉楚兩軍相遇時，重耳命令他的軍隊後退四十五公里，以踐前言。

晉軍後退四十五公里至城濮，這時楚軍仍然追擊不放，於是發生了一場大戰，結果晉軍大敗楚軍。

後世常用「退避三舍」，形容對他人主動讓步，迴避矛盾衝突。

兵不厭詐

晉文公重耳親率大軍與楚對陣於城濮時，為了遵守當年「退避三舍」的諾言，下令撤退四十五公里。楚國大將子玉率領楚軍緊逼不捨。

當時，楚軍強過晉軍，晉文公便問狐偃該怎麼迎戰。狐偃說：「懂禮的人不厭棄忠信，用兵作戰不厭棄詐偽，就請君主用詐偽的辦法迎戰吧。」

最終，晉文公聽從狐偃的建議，用誘敵之計伏擊楚軍，取得了城濮之戰的勝利。後世常用「兵不厭詐」，形容作戰時用詭計迷惑對方，使之做出錯誤判斷，以戰勝敵人。

昔者文公出走而正天下。

喵的！
歷史哪有那麼難

本章人物介紹

孔子　吾皇

魯國國君　牛能

楚昭王　傲霸

衛靈公　巴扎黑

春秋亂世之下，
除了誕生一群逐鹿天下的霸主，
也孕育出一批哲學家、思想家。
今天我們要說的孔子，就是其中的代表。

孔子名丘,字仲尼,子是後人對他的尊稱。
身高九尺六寸,也就是有一百九十公分那麼高。
這高個兒,古時候的人光看就很震驚了!
但更讓人驚嘆的,還是他創立的學說。

孔子出身於沒落的貴族家庭,
三歲時父親就去世了,
一直和母親過著清貧的日子。

孔子從小就跟別的孩子不一樣。
在其他孩子還在玩泥巴的年紀,
孔子便會擺設祭祀用的禮器,
練習祭祀時的禮儀,把這當成一種遊戲。

兒啊,你年紀輕輕,就
繼承了你父親的貧窮。

孔子早年生活艱辛，十五歲的時候，
突然意識到要努力學習做人和生活的本領，立志要好好做學問！

聰明且好學的他，年僅二十歲就知識淵博。
因為一直想當官，所以他很關注天下大事，
時不時就會思考治理國家的問題，也經常發表一些自己的見解。

孔子認為學無止境，生活中的各方面都能學到知識。
據說，他曾多次向老子請教學問。
老子是道家學派的創始人，也是當時著名的文學家和思想家。
他的學識和見解深深啟發了孔子，也多少影響了今後孔子的學說。

孔子從很早就開始在鄉間收徒講學，從事教育事業。
他主張「有教無類」，人人都有接受教育的權利！
因此孔子的學生也來自各個階層。

喵的！歷史哪有那麼難

到了三十歲的時候，孔子已小有名氣，
所收的弟子和學生遍布各個諸侯國。
我們常說的「三十而立」，也是這麼來的。

後來魯國發生內亂，
孔子逃離魯國來到齊國，在這裡受到齊景公的厚待。
齊景公問政於孔子，孔子表示君王要像個君王，
臣下要像個臣下，父親要像個父親，兒子要像個兒子，
大家都要做好自己分內的事。齊景公對他很是賞識。

齊國

總之就是「管好你自己」。

可惜一年後，齊國的大夫眼紅，要加害孔子。
孔子聽說後向齊景公求救，齊景公說自己已經老了，幫不上什麼忙了。
無奈之下，孔子只能倉皇地逃回魯國。

塊陶啊～

就這樣，在魯國平平淡淡過了幾年，
已經四十歲的孔子
經歷了這麼長時間的磨鍊，
對人生的各種問題和疑惑，
也有了更加清楚的認識，
所以自稱「四十而不惑」。

當時社會動盪，
人與人之間爾虞我詐，
社會關係遭到嚴重破壞。
在這樣的背景下，
孔子提出了「仁」的主張，
宣導「為政以德」，
用道德原則來治理國家。

喵的！歷史哪有那麼難

LV.50

回到魯國的孔子憑藉自己的能力和學識，在官場上不斷得到提拔。
五十歲的時候，孔子稱自己「五十而知天命」，
認為做什麼事都應該保持平常心，不能因為想要什麼結果而刻意去追求。

魯國

教練，我變強了！

看到你的成長，我很欣慰……

後來，
五十二歲的他被任命為
魯國大司寇。
他專心於政事，政績出色，
僅上任幾個月
就讓魯國的外交大有改善，
國家實力大增！

對於孔子傑出的行政能力，
齊國倍感威脅，
於是想出一招「離間計」，
主動送了魯國大批美女。
魯國的君臣們
因此沉迷於美色和歌舞之中，
好幾天都沒有管理朝政。

該工作啦——

該上課啦——

該做事啦——

管好你自己就得了！

那你被開除了！

但我的工作就
是管你啊……

孔子非常失望，
和君主出現了分歧，
就此不再被重用。

為了繼續推行自己的政治主張，孔子無奈只好離開魯國，
帶著學生們開始周遊列國的旅程。

loading...

旅程第一站是衛國。
衛靈公一開始很仰慕孔子，但後來有人在他面前說了孔子的壞話，
他便起了疑心，開始派人監視孔子。
孔子察覺後，決定離開這裡，出發去陳國。

衛國

去陳國的路上途經匡邑，
因種種誤會，孔子被圍困了五天；
逃離匡城後到了蒲地，
又碰上衛國的貴族發動叛亂，孔子再次被圍。

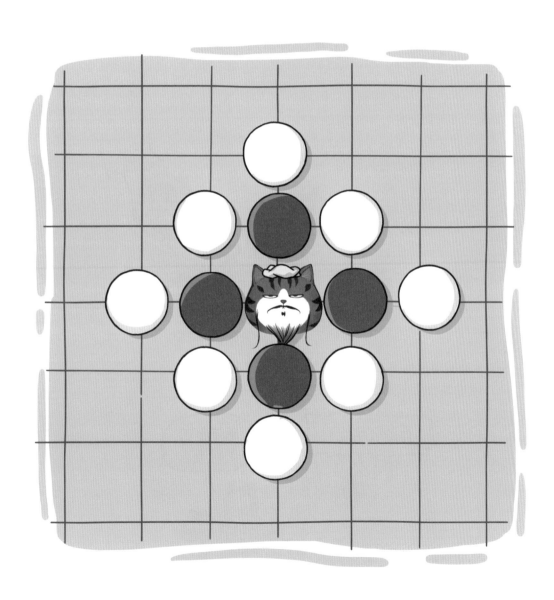

走，我帶你回去！

這時衛靈公意識到自己誤會了孔子，
便邀請他回來。歷經一番曲折，
孔子又回到了衛國。

在衛國的這段時間，
孔子意識到衛靈公不重用他這樣的賢能之人，
反而近女色。這樣可看不到復興周禮的希望，
於是他又離開了衛國。

不回！

孔子繼續周遊列國，途經宋國，沒停留多久，
就因為批評宋國君臣的暴政而被追殺。

你給我站住！

君子動口不動手。

隨後，孔子一行人來到鄭國。
在這裡，因自己的樣子十分落魄，孔子被路人嘲笑像條「喪家之犬」。
這時的孔子已經六十歲，他認為這個階段的自己「六十而耳順」，
無論什麼樣的言論都能夠欣然接受，因此一笑置之。

離開鄭國，
孔子又去陳國住了三年。
但這裡常年戰亂不斷，
孔子無奈之下只好離開。
那下一站去哪裡呢？
結果，他又回到了衛國。
儘管衛靈公依然對他態度很好，
但就是不重用他。

在孔子擔憂自己的抱負難以實現之時，
正在招攬人才的楚國向他發出了邀請。
孔子非常高興，出發前往楚國。

這事被陳國、蔡國知道了。他們認為楚國本來就是大國，
再把孔子招攬過去豈不是更強大了？
於是派人半路包圍孔子一行人七天七夜。
因為沒有東西吃，孔子的好多弟子都餓暈了。

一直等到楚國派兵前來，孔子一行人才得以獲救。

來到楚國，等待孔子的又是猜疑。
本想給孔子封地的楚昭王，聽信大臣們的讒言，
認為孔子不僅才能過人，還有眾多賢能的弟子，
一旦給予封地可不一定能制約，
於是沒有重用孔子。孔子失望極了。

楚國

孔子，我崇拜……

說壞話

……拜拜！

歷史總是驚人
地相似……

就在這時，魯國傳來了好消息！
魯國君主非常後悔之前驅逐孔子，臨死前囑咐兒子一定要召回孔子。
其子繼位後，便派人將孔子接回魯國。至此，孔子終於得以回國了。

這時孔子已經六十八歲了，
在外漂泊了整整十四年。

雖然他名滿天下，
但沒人認可他的政治主張
始終沒人想重用他。

因為無法實現政治抱負，自己也年事已高，
回國後的孔子就在家中鑽研學術，整理典籍。
他整理了《春秋》《詩》《書》《禮》《易》《樂》等典籍，
繼續向世人傳達自己的思想、理念。

孔子去世後，他的學生們也將孔子平日的言行記錄下來，
彙集成書，整理編成了儒家經典——《論語》。

孔子的學術思想深刻影響著後世，直至今天，
他仍被公認為中國古代第一位大思想家、大教育家。

孔子一生懷著美好的政治理想，
只可惜生不逢時，
始終沒有得到重用。
不過他的思想經過後人的完善，
逐漸成為歷代王朝的治國理念。
他在教育方面成績也相當顯著，
創辦了中國第一所私立學校，
打破了貴族階層壟斷教育的局面，
推動了私學的發展。
他提出「己所不欲，勿施於人」
與其他倫理思想，
對華夏民族行為的影響
十分深遠。

孔子政治思想

一：恢復周禮，但須進行一定的改革

殷因於夏禮，所損益可知也；周因於殷禮，所損益可知
也。其或繼周者，雖百世可知也。——《論語·為政》

二：「正名」是治國大事

名不正則言不順，言不順則事不成，事不成則禮樂不興，
禮樂不興則刑罰不中，刑罰不中則民無所措手足。
——《論語·子路》

三：實行「德治」，感化人民

道之以政，齊之以刑，民免而無恥；道之以德，齊之以禮，
有恥且格。——《論語·為政》

四：舉賢才，否則則為「竊位」

其竊位者與，知柳下惠之賢，而不與立也。——《論語·衛靈公》

五：反對財產分配不均

國有家者，不患貧而患不均，不患寡而患不安。蓋均無貧，和無寡，安無傾。——《論語·季氏》

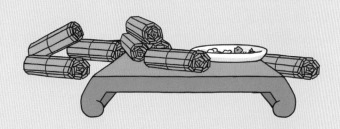

孔子哲學思想

一、天命觀，人在不可挽回的天命前應保持積極的態度

道之將行也與，命也；道之將廢也與，命也。
——《論語‧憲問》
其為人也，發憤忘食，樂以忘憂，不知老之將至雲爾。
——《論語‧述而》

二、人道觀，仁禮結合，以知求仁

不學禮，無以立。——《論語‧季氏》
人而不仁，如禮何？人而不仁，如樂何？——《論語‧八佾》
未知，焉得仁。——《論語‧公冶長》

三、認識論，學而知之，多聞多見，學思結合

好仁不好學，其蔽也愚；好知不好學，其蔽也蕩。
——《論語‧陽貨》
眾惡之，必察焉；眾好之，必察焉。——《論語‧衛靈公》
學而不思則罔，思而不學則殆。——《論語‧為政》

孔子倫理思想

一、仁者愛人

樊遲問仁。子曰：「愛人。」——《論語·顏淵》

二、忠恕之道

己欲立而立人，己欲達而達人。——《論語·雍也》
己所不欲，勿施於人。——《論語·衛靈公》

三、孝悌之道

孝悌也者，其爲仁之本與。——《論語·學而》
弟子入則孝，出則悌。——《論語·學而》

四、智和勇

智者不惑，仁者不憂，勇者不懼。——《論語·子罕》
志士仁人，無求生以害仁，有殺身以成仁。
——《論語·衛靈公》

不 舍 晝 夜

有一次，孔子和學生一起到河邊去散步。望著河水奔騰不息地向前流去，孔子若有所思，久久不語。

過了一會兒，孔子深深地嘆了一口氣：「光陰流逝，就像這河水一樣，日夜不停地奔流啊。」

學生聽了孔子的感嘆，領會到孔子說這話的深意，於是鄭重地向孔子表示：「老師，我們一定珍惜光陰，刻苦求學，絕不辜負您的期望。」

孔子聽了，臉上露出了欣慰的微笑。

後世常用「不舍晝夜」，形容學習、工作等極為刻苦。

時 不 我 與

陽貨想見孔子，孔子因他是季氏的權臣，不願見他。陽貨就想了個辦法，給孔子贈送小豬，料想孔子接受了禮物，一定會前來道謝，那樣就可以見到他了。孔子明白陽貨的用意，就趁他不在家的時候前去拜謝。不料事不湊巧，偏偏孔子走到半路，遇到了陽貨。陽貨對孔子說：「你過來，我有話跟你說。有種人身懷濟世之才，卻不肯拯救處在災難中的國家，可以說他有仁愛之心嗎？」

孔子說：「不可。」

陽貨又說：「胸懷濟世的願望，竟屢次錯過機會，可以稱得上是聰明人嗎？」

孔子說：「不能。」

陽貨接著又說：「天上的日月，去了不會轉回來；歲月不會等待我們的。請老先生三思。」

孔子終於答應他說：「好吧！我將要出去做官了。」

後世常用「時不我與」，感嘆錯過時機，後悔莫及。

高山仰止，景行行止。

 Notes

喵的！
歷史哪有那麼難

本章人物介紹

孫武 吾皇

伍子胥 巴扎黑

闔閭 逆風

孫武

7

一個國家要走向強盛，少不了出色的軍事家。
春秋時期就有一位被譽為「兵聖」的軍事學家，
他就是本回的主角——孫武！

孫武，字長卿，齊國貴族世家出身。
他本來不姓孫，因為祖父在齊國征戰有功，所以被賜予了「孫」姓。

孫武從小就展現出強大的學習能力。
他喜歡閱讀各類軍事理論書籍，而且不僅愛看，更擅於檢討，
能從以往各國戰爭的紀錄中，歸納整理獲勝經驗和失敗教訓。

當時的齊國在齊桓公去世後，
國勢一路往下，頻頻發生內亂，國力早已大不如前。
因此孫武毅然到了南方的吳國，
避世隱居，開始潛心鑽研兵法。

在吳國期間，孫武結交了自己一生的摯友——伍子胥。
兩人十分投機，互相欣賞，經常探討一些軍事問題。

伍子胥

• 伍子胥，名員，字子
胥，楚國人，春秋末
期吳國大夫、軍事家。

伍子胥這個朋友還真不簡單。
他本來是楚國的貴族，因為被小人誣陷而逃至吳國，
再憑藉自己的能力一步步成為吳王闔ੌ閭ਘ的重要謀臣。

還有個空位……

闔閭

當時吳王闔閭正準備向西進軍，急需補充人才。
伍子胥推薦了孫武，但闔閭覺得他沒什麼實戰經驗，
一開始並沒有答應。

伍子胥沒有放棄，來來回回向闔閭推薦了七次。
闔閭耐不住伍子胥的各種糾纏不休，總算同意親自接見孫武。

此時，
一直隱居的孫武已經完成他的著作，
就是後來廣為流傳的《孫子兵法》，也是世界上最早的兵書。
孫武帶著他寫好的十三篇兵法來拜見闔閭，
闔閭看了之後讚嘆不已。

雖然書寫得很好，但畢竟只是理論。
為了檢驗孫武是否真有能力，闔閭讓他實戰演練一番。
不過，闔閭沒有給孫武作戰的士兵，
而是給他一堆宮女來進行演練。

孫武絲毫不畏懼。他將宮女分成兩隊，
讓闔閭最愛的兩個妃子當小隊長，率領其他宮女聽令操練。
孫武講完口令後，宮女們非但不聽，還覺得很好玩，紛紛大笑起來，
導致整個隊形都亂了套。

孫武毫不猶豫，立刻下令斬首身為小隊長的兩名妃子，以示軍紀。
任憑闔閭怎麼求情，孫武都以「將在軍，君命有所不受」為由，
執意斬首兩名妃子。

這就是不聽軍令的下場！

撕

隨後，孫武又任命兩人當新隊長，繼續操練。
這次，宮女們陣型嚴整，井井有條。

我訓練得怎麼樣？

儘管失去兩名愛妃，
闔閭還是認可了孫武的能力，
決定任命他為將軍，
並把指揮吳國軍隊的
大權都交給他。

後來，楚國圍攻了吳國的一個附屬國。
孫武帶著三萬精兵逆流而上，前去救援。
楚軍見大事不妙，立即撤兵，在水路設防準備迎戰。

各位！今天的工作就
是努力地划！

沒想到孫武突然棄船登岸，改從陸路襲擊楚國的腹地。
他從隊伍中精選三千五百人當開路先鋒，打了楚國一個措手不及。

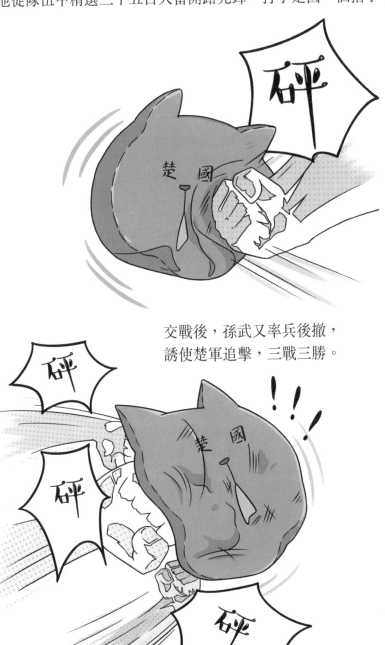

交戰後，孫武又率兵後撤，
誘使楚軍追擊，三戰三勝。

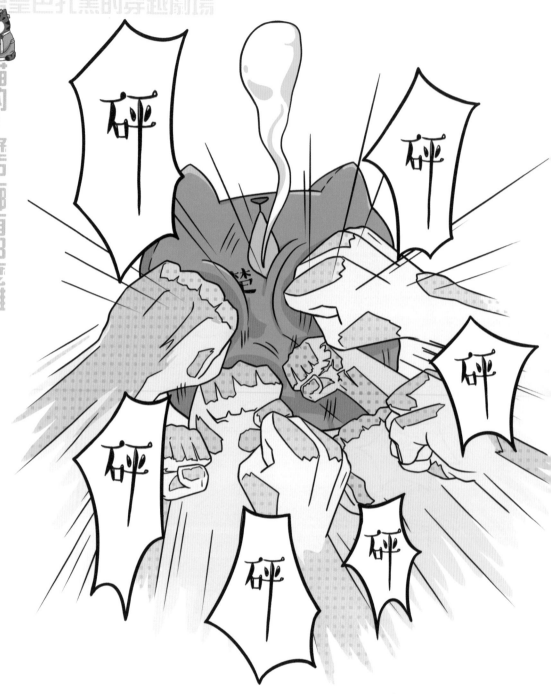

往後幾次交戰中，孫武又在敵人上岸時、渡河時、吃飯時，
發動靈活的攻擊戰術，大破楚軍，最終五戰全勝。

在孫武的精妙指揮下，吳軍僅用了十幾天的時間，
就打得楚王落荒而逃。孫武用三萬兵力打敗楚軍整整二十萬大軍，
也是歷史上「以少勝多」的經典戰例。

後來吳王闔閭在與越王勾踐的交戰中，
不幸腳趾中箭，傷重不治，吳國也因此受到重創。
臨死前，闔閭囑咐自己的兒子夫差不要忘記殺父之仇，一定要滅掉越國

夫差繼位後，
在孫武和伍子胥的輔佐下，
開始充實國庫，囤積錢糧，擴充軍隊，
吳國的國力日益恢復。

我們助你恢復功力！

幾年之後，吳國真的打敗了越國，
迫使越王勾踐投降。

爹，我報仇成功了！

這時，伍子胥認為應該一舉攻破越國，否則必有後患！
夫差卻不以為然，不聽取伍子胥的主張。
兩人因此起了爭執。

你必須滅掉越國！

要你管！

先王，我要去看你了……

最後，夫差以伍子胥要謀反為由，
將他賜死。
伍子胥仰天憤而自盡。

失去摯友的孫武像丟了魂，
就此不再為吳國的對外戰爭出謀劃策，
而是隱居鄉間，
好好修訂自己的兵法著作。

在此期間，
孫武一直沒有離開吳國，
沒過多久也抱憾而終。

後來越國崛起，
吳國果然為越王勾踐所滅。
夫差後悔莫及，
舉劍自盡，
吳國就此被吞併。

雖然吳國滅亡了，
但孫武的《孫子兵法》留了下來，
一代一代，流傳至今。

孫武的著作《孫子兵法》
是世界上最早的軍事著作，
也是中國現存最早的兵書。
在中國被奉為兵家經典，
後世的兵書也多半受到它的影響，
其對中國的軍事學發展
影響非常深遠。
孫武和他的軍事思想享譽古今，
對後世產生了蜚聲中外深遠的影響。
《孫子兵法》被翻譯成多種語言，
在世界軍事史上
也有著很高的地位。

《孫子兵法》名句

◎ 兵者，國之大事，死生之地，存亡之道，不可不察也。——《孫子兵法·始計篇》

◎ 兵者，詭道也。故能而示之不能，用而示之不用，近而示之遠，遠而示之近。利而誘之，亂而取之，實而備之，強而避之，怒而撓之，卑而驕之，佚而勞之，親而離之。攻其無備，出其不意。此兵家之勝，不可先傳也。——《孫子兵法·始計篇》

◎ 不盡知用兵之害者，則不能盡知用兵之利也。——《孫子兵法·作戰篇》

◎ 善用兵者，役不再籍，糧不三載，取用於國，因糧於敵，故軍食可足也。——《孫子兵法·作戰篇》

◎ 故善用兵者，屈人之兵而非戰也，人之城而非攻也，毀人之國而非久也，必以全爭於天下，故兵不頓而利可全，此謀攻之法也。——《孫子兵法·謀攻篇》

◎ 故用兵之法：十則圍之，五則攻之，倍則戰之，敵則能分之，少則能守之，不若則能避之。——《孫子兵法·謀攻篇》

◎ 昔之善戰者，先為不可勝，以待敵之可勝。——《孫子兵法·軍形篇》

◎凡戰者，以正合，以奇勝。故善出奇者，無窮如天地，不竭如江河。
　　——《孫子兵法·兵勢篇》

◎紛紛紜紜，鬥亂而不可亂也；渾渾沌沌，形圓而不可敗也。亂生於治，
　　怯生於勇，弱生於強。——《孫子兵法·兵勢篇》

◎凡先處戰地而待敵者佚，後處戰地而趨戰者勞。故善戰者，致人而不致
　　於人。——《孫子兵法·虛實篇》

◎凡用兵之法，將受命於君，合軍聚眾，交和而舍，莫難於軍爭。軍爭
　　之難者，以迂為直，以患為利。——《孫子兵法·軍爭篇》

◎故其疾如風，其徐如林；侵掠如火，不動如山，難知如陰，動如雷震。
　　——《孫子兵法·軍爭篇》

◎是故，智者之慮，必雜於利害。雜於利，而務可信也；雜於害，而患可
　　解也。——《孫子兵法·九變篇》

◎故用兵之法：無恃其不來，恃吾有以待也；無恃其不攻，恃吾有所不
　　可攻也。——《孫子兵法·九變篇》

孫武所以能制勝於天下者，
用法明也。

Notes

喵的！
歷史哪有那麼難

本章人物介紹

韓康子　齊劉海

魏桓子　傲霸

趙襄子　吾皇

智伯　牛能

隨著各國為爭霸不斷掀起戰爭，許多小諸侯國慢慢被大國併吞，
春秋時代就這樣進入了末期。

很多國家內部發生變革，大權漸漸落在一些大夫手裡。
他們多半是以前的王室貴族，為了擴大自己的勢力，
繼續積極對外征戰，因此實力變得越來越強。

這使我們不得不提起之前提過的中原霸主——晉國。
隨堂小考！還記得之前晉文公遭遇的驪姬之亂嗎？

別跑，我是你
惡毒的繼母！

！！！

沒錯，經歷過這件事的晉文公有了心理陰影。
為了避免歷史重演，他要求除了太子以外，
國君的所有兒子都要離開晉國，稱為「晉無公族」。

滾出去！

正是因為這個規定，
晉國卿大夫們的勢力開始慢慢擴大，
以至於成了國家政權的主導力量！
在春秋末期，晉國國君的權力直線衰落，
權力落到了六家大夫（韓、趙、魏、智、范、中行）的手中。

這六家人都不安分，各有各的地盤，經常互相打仗。
後來范、中行兩家被滅，只剩下韓、趙、魏、智。
其中，智家的勢力最大。

智家掌政後，智家的大夫智伯得意忘形，萌生了獨占晉國的念頭，
於是開始計畫——鏟除韓、趙、魏。

我要併吞你們！

這傢癡張著
嘴幹嘛……

……

……

他以「擁護晉國國君，讓晉國更加強大」的名義，
看似主張實則威脅其他三家各自拿出一百里地獻給晉國。
這樣既能討好老大，又能變相削弱韓、趙、魏的實力。

雖然看出這個「無賴」的野心，
可惜三家大夫意見並不一致，沒有聯合起來反抗。
韓國的韓康子想討好智伯，率先主動割讓土地；
魏國的魏桓子雖然不情願，但迫於形勢也獻出土地。

但趙國的趙襄子根本不吃這一套！
自己祖宗一代代留下來的土地，憑什麼讓給別人？

這可把智伯氣壞了。你不給是吧？好，算你有種！
於是，他鼓動韓、魏兩家聯合攻打趙襄子。

智伯率領軍隊從中路進攻，
韓康子從右路、魏桓子從左路，
三路人馬浩浩蕩蕩地把趙襄子的城池包圍起來。

有種過來呀！

趙襄子也不慌。知道自己打不過，
便不主動迎戰，只是堅守在城裡，
用當地可用的物資製成武器，
嚴陣以待，採取防禦措施。

每次士兵想攻城，
城樓上射出的弓箭就像蝗蟲一般，射得他們根本不敢上前。
就這樣，趙襄子死守了兩年多。

這時雨季來臨了。
有天，智伯考察地形時，
突然發現一條河，繞著趙襄子所在城池往下流。
智伯想到，如果把河水引過來，豈不是就能淹掉趙襄子的城池？

說做就做！於是，
智伯命令士兵挖一條河，
直接把大水引過來，淹沒了整座城池。

城裡的房子被淹，
老百姓不得不躲到屋頂上生活。
即使條件如此艱苦，
大家還是萬眾一心，絕不投降！

再幫你加大
一點水量！

我們就算要餓死、要從
這裡跳下去，也堅決不
向你們投降！

這時的智伯還沾沾自喜地跟韓康子和魏桓子炫耀，
原來用大水就能輕易地摧毀一座城池啊！
韓、魏這哥兒倆表面上點頭附和，其實心裡已經慌到不行。
他們的城池旁也有一條河，這會不會也是他們的未來呢？

下次誰跟我不對盤，
我就淹死誰！

眼看著城裡的情況一天比一天艱困，趙襄子更是著急。
這時，一名謀士提出建議，表示韓、魏兩家不是心甘情願跟從智伯的，
不如去跟他們兩家談合作，這樣才有機會反敗為勝！

當天夜裡，這名謀士就偷偷摸摸出城，祕密潛入韓、魏兩家的軍營。
憑藉自己的三寸不爛之舌，開始勸說兩家與趙家合作。

韓、魏兩家本來就有些動搖，
經過趙家這麼一勸說，
自然便答應合作。

第二天半夜，智伯在自己床上睡得正香，
突然聽到一陣喊殺的聲音，嚇得他趕緊從床上爬起來。
醒來後的他發現地上全是水，還以為是河沒挖好，
水流到自己的軍營裡，於是下令士兵立刻去修理。

士兵還沒來得及動手，水勢就越來越大，直接將整個軍營淹沒了。

正當眾人還在剛睡醒的恍惚之間，四面八方傳來了戰鼓的聲音，
只見韓、趙、魏的軍隊駕著小船殺了進來！

殺 ——————

智家的士兵被打得落花流水，最終全軍覆沒。
想駕船逃跑的智伯沒能得逞，被當場逮住後殺掉。

別打了，我已經
「掛」了……

韓、趙、魏都是「細節控」,
為了消除後患,直接滅掉智家整個宗族,
順便平分智家的土地。

此時,晉國王室的力量又更加衰落,早已沒有能力制約他們。
於是,韓、趙、魏又把晉國剩餘的土地給分了,
晉國就此滅亡,這就是史上的「三家分晉」。

韓、趙、魏三家隨後又去見了周天子，
要求封侯。周天子一看，他們現在不好惹，
不如做個順水人情，便答應了。

自此之後，韓、趙、魏都成了中原大國，
歷史上的戰國時代也就此拉開序幕。

版本重大更新!

* 示意圖

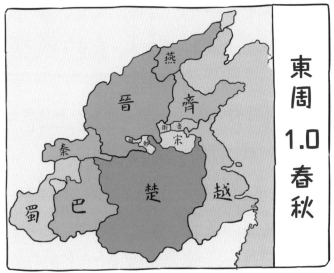

東周 1.0 春秋

更新

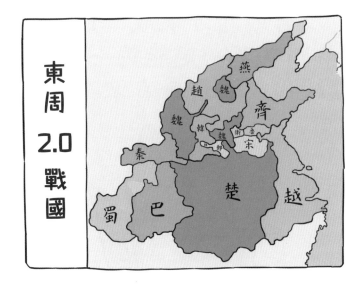

東周 2.0 戰國

三家分晉是中國歷史上
具有劃時代意義的重大事件，
也是春秋和戰國時代的分水嶺。
雖然當時周天子的威望
沒有那麼高，
諸侯們仍在一定程度上遵守著
周朝的禮樂制度。
周天子封韓、趙、魏為諸侯，
既預設了這種以下犯上的行為，
也宣告了禮樂制度的澈底崩壞。
三家分晉也在很大程度上
為後來秦國一統天下奠定基礎，
若是強大的晉國
沒有因此分裂成三個小國，
秦國就不一定能夠一統天下，
戰國時代或許就會有不一樣的結局。

【晉國晚期大事記】

○ **六卿掌政**

晉國在晉定公（西元前 511 年至西元前 475 年）在位時期，政權逐漸為六卿：趙、魏、韓、智、范、中行氏六家所掌控。

○ **六卿內爭**

西元前 490 年，趙氏聯合韓、魏、智氏打敗范、中行氏。西元前 458 年，智、韓、趙、魏四氏瓜分了范、中行二氏的地盤，智氏的智伯專斷晉國國政，成為四卿中最強的勢力。

西元前 454 年，智氏向趙氏索取土地，遭到拒絕，便聯合韓、魏氏舉兵攻打趙氏，圍困趙氏的趙襄子於晉陽。西元前 453 年，趙襄子派張孟以唇亡齒寒之喻勸服韓、魏氏反過來與趙氏合作，一舉滅掉智氏並三分其地。從此，三家分晉的局面形成。

三大諸侯

西元前 403 年，周威烈王承認韓、趙、魏三家爲諸侯，建立起三個獨立政權，晉國名存實亡。

晉國滅亡

西元前 376 年，韓、趙、魏三家聯合滅掉晉君，三分其地，晉國滅亡。

晉國背景

晉無公族

周代各諸侯國通常都將公室子孫分封為大夫，各家大夫都有封地，以血緣關係作為公室的藩國和諸王。

然而晉國發生驪姬之亂時，晉獻公卻誅殺諸公子，從此晉國不再立公子、公孫為貴族，史稱「晉無公族」。

到晉成公時，「宦卿之適子而為之田，以為公族」，趙盾又將各家異姓大夫代為公族，晉公室的力量由此衰微，對作亂的異姓卿大夫沒有可靠的制約力量。

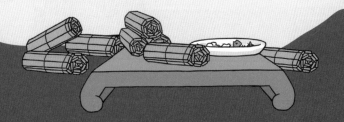

晉國六卿

　　卿大夫階層獲得公族身分後，漸漸支配晉國政權。他們把私邑做為爭奪權力的根據地，在經濟上、政治上都享有世襲特權。

　　晉國的卿位本來由十來個大家族占據，居卿位又掌握軍隊，實力日益壯大，彼此之間的利害衝突也一天比一天尖銳。

　　相互吞噬後，到了春秋晚期，晉國只剩下韓、魏、趙、范、智、中行六家大夫，即人們所稱的「六卿」。

漆身吞炭、眾人國士

　　智伯十分寵愛名叫豫讓的義士，待他如上賓。三家分晉後，趙國國君襄子最恨智伯，把智伯殺了，並將其頭骨當做飲器，豫讓因而立志要爲智伯報仇。某次以漆塗身，剃鬚去眉，吞炭變音，行刺趙襄子未成。又一次，豫讓埋伏在趙襄子路過的橋下被捉住了。

　　趙襄子氣沖沖地問：「如今智伯已死，你爲什麼如此死心塌地爲他報仇？」豫讓理直氣壯地說：「因爲范、中行氏把我當普通人看待，我就以普通人身分對待他們；智伯待我如國士，我就得以國士的身分報答他！」趙襄子讚嘆豫讓眞是個「爲知己者死」的義士。趙襄子要殺他時，豫讓懇求趙襄子給他取義成仁的機會，讓他對著趙襄子的衣服砍上幾劍，表示爲智伯盡了報仇的大義，然後他再自刎。趙襄子眞的成全了他。

　　後世常用「漆身吞炭」，形容故意改容貌變聲音，使人不能辨認，以達到某種目的；也常用「眾人國士」，形容所受的恩遇不同，對別人的報答也不同。

將欲取之、必先與之

范、中行氏的地盤被瓜分後，智氏的智伯又向魏氏魏桓子提出分割土地的要求。

魏桓子當下拒絕，但他的謀士任章卻獻計：「不要正面拒絕智伯，不妨先滿足他的要求。等他嘗到甜頭，一定會驕傲自滿，變得更加貪得無厭，四處伸手。那時其他大夫必然會不滿，從而使各家聯合。其他幾家兵力聯合起來，收拾被孤立又傲慢的智伯，他還能保住性命嗎？」任章又說：「《周書》有言：『將欲敗之，必姑輔之；將欲取之，必姑與之。』所以姑且就先給他土地。」

魏桓子聽從任章的建議，結果智伯為三家所滅，魏桓子不但收回了失去的土地，還分得更多。

後世常用「將欲取之，必先與之」，形容想得到必須懂得先付出的道理。

智伯滅而三晉之勢成，
三晉分而七國之形立，
讀《春秋》之終，而知戰國之始也。

喵的！
歷史哪有那麼難

本章人物介紹

9

商鞅變法

三家分晉之後，韓、趙、魏都成了中原大國，
歷史上的戰國時代也就此拉開序幕。

經過你爭我鬥、納新補強，春秋時期的「五霸」
在戰國時期擴充為「七雄」，史稱「戰國七雄」，
即秦、魏、韓、趙、楚、燕、齊。
這裡面既有我們的老朋友，也有一些新加入的朋友。

戰國初期，秦國的社會經濟發展遠遠落後其他六個大國。

在秦孝公繼位後終於有了改變。
他胸懷宏圖壯志，
下定決心改革圖強，
振興秦國，於是對外招賢納士。
誰有辦法讓秦國變強大，
必定重重有賞！

找工作
上秦國
直接談

這時，
本回的主角商鞅帶著自己的
「霸王之道」理論來面試了。

找工作
上秦國
直接談

商鞅是衛國人，本來在魏國工作，
年輕時喜好刑名法術之學，
因為在魏國不得志，
所以前來投奔秦國。

跳槽了！

- 刑名法術之學，亦稱「刑名
  之學」，簡稱「刑名」，先秦
  法家學說的別稱。

不過前三次面試都失敗了，商鞅並沒有打動秦孝公的心。

吸取了前幾次失敗的教訓，
商鞅摸透了秦孝公的心思，
也就是要用最短的時間達到
讓秦國足以爭霸天下的效果。
於是第四次面試時，
商鞅針對這方面侃侃而談，
讓秦孝公聽得十分入迷、
讚歎不已，終於面試成功。

秦孝公正打算實施商鞅提出的變法，
但一想到國人可能會議論紛紛，就猶豫不決。
於是他召開會議，跟各位大臣共同商議此事。

大臣們紛紛持反對態度，
認為利益沒有增加百倍，就不該變更法令制度；
不能取得很多功業，就不要更換使用的人才。

商鞅絲毫不客氣，針鋒相對地指出不同時代的治國方法不一樣，
只要對國家有利，就不應該原封不動地使用古代的東西。
大臣們被駁得啞口無言。

商鞅憑一己之力說服所有人，
有效地以歷史進化的想法，駁斥循規蹈矩的保守派主張，
變法最終得以實施。

變法得以實施，秦國開始了全面改革。
在政治上，廢除了世卿世祿制，不再讓貴族們世世代代傳承爵位，
而是以立下軍功的多寡來決定身分的高低。
換句話說，就是不能靠自己貴族的身分吃老本了！

行政管理上施行縣制。縣的主要官員由君主進行任免，
由官員管理民眾，朝廷管理官員，君主擁有最高統治權。
這種金字塔式的管理，進一步強化了中央對地方的控制。

經濟上推行重農抑商的政策，
獎勵耕織，同時廢除井田制。
也就是土地不再只屬於公家，
百姓也可以獲得土地的所有權，
可以自由地進行土地買賣。

軍事上，宣揚全民皆兵，獎勵軍功；
按照標準對有軍功的人授予爵位，並且賞賜土地。
這代表著即使出身貧寒，只要努力貢獻國家，
就有機會搖身一變成鳳凰。

法律上推行連坐法：只要你一人犯罪，整個家族，
甚至街坊鄰居，都會遭到牽連，全部受罰！

這些法令的中心思想就是重賞那些對國家有貢獻的人，
懲罰那些好吃懶做的無用之人。

拚命耕田！

法令的頒布，
使秦國老百姓的心理產生極大變化。
畢竟做得越多，
給的獎勵就越多！
所以務農的就開始拚命耕田！

上戰場的跟吞了興奮劑一樣，
奮勇殺敵！

房屋權狀別跑！

別跑！！

站住！

秦

商鞅一系列的操作，使秦國各個領域都獲得大幅發展。
政治上，國家機制更加健全，君主權力被放大到極致；
經濟上，工商業被打壓，促進小農經濟的發展；
軍事上，軍隊的戰鬥力獲得大幅提升。

秦國的舊制度被澈底廢除，經濟開始快速發展，百姓家家過得富足。
秦國自此一躍而起，成為戰國七雄中實力最強的國家。

商鞅這套法令的本質，
就是透過嚴峻的刑罰進行
高強度的政治施壓，
強制大家服從新法。
雖然說「霸道」可以快速達到目的，
但急於求成總歸是有副作用的。

新法實施不久後，
就有一些民眾覺得
這套法令不合理、難以執行，
甚至連太子都犯了法。

我們服了……

霸道的商鞅
自然採取了霸道的措施。
動不得太子，他就處罰太子的老師
並把抵觸法律的人流放邊疆。
這種「殺雞儆猴」的做法，
讓百姓們不得不選擇服從。

正所謂不是不報，只是時候未到。秦孝公死後，太子成功繼位。
沒錯，就是那個觸犯過商鞅法令的太子。

太子本來就對商鞅恨之入骨，再加上變法大大損害了貴族們的利益，
貴族們便和之前替太子受罰的老師一起編織罪名，誣陷商鞅謀反。

商鞅有苦說不出，只得四處逃亡，最終被擄獲，在眾人面前受罰致死。
立法者為自己頒布的法令所害，我們也稱這為「作法自斃」！

商鞅變法讓秦國的經濟獲得發展，
軍隊實力大大加強，
成為戰國後期最富強的集權國家，
對秦國崛起發揮了重要的作用；
同時,商鞅變法推動秦國
由奴隸社會向封建社會轉型，
促進社會進步和歷史發展，
提供後人借鑒，
更影響歷史的發展。
不過法令也有一定的局限性，
商鞅不重視教化,倡導輕罪重罰，
沒有在律法和王權間找到平衡，
在一定程度上
加重了對廣大人民的壓迫。

【商鞅大事記】

○ 西元前 361 年，商鞅攜帶《法經》來到秦國，尋求得到秦孝公重用。

○ 西元前 356 年，秦孝公任命商鞅為左庶長，實行第一次變法，主要內容包括：

① 頒布法律，制定連坐法，輕罪用重刑。
② 獎勵軍功，禁止私鬥，實行按軍功賞賜的二十等爵制度。
③ 重農抑商，獎勵農耕，特別獎勵墾荒。
④ 打擊遊宦之民。

○ 西元前 352 年，商鞅因功升為大良造，地位相當於相國兼將軍。

西元前350年，商鞅實行第二次變法，主要內容包括：

① 廢除井田制，鼓勵開墾荒地，重新劃定土地疆界。
② 普遍推行縣制，設置縣一級官僚機構。
③ 遷都咸陽，建設新都城。
④ 制定統一的度量衡制度。
⑤ 革除舊風俗，禁止父子兄弟同室居住。

西元前340年，商鞅用計生擒魏將公子印，憑此大功被封於商十五個邑，號為商君。

西元前338年，秦孝公逝世，秦惠王即位，由於公子虔等人告發商鞅要謀反，商鞅被擒於彤，受車裂之刑而死。

典 故

徙 木 立 信

　　相傳，商鞅在公布變法命令前，為了在百姓間樹立威信，派人將一根十公尺高的木桿立在國都南門，並宣布：如果有人能把這根木桿搬到北門去，就賞十金。百姓們都覺得很奇怪，摸不透這是怎麼回事，因此沒有一個人敢搬這木桿。

　　商鞅見百姓不相信自己的話，又宣布如果有人能把這根木桿搬到北門去，就賞五十金。在這種情況下，終於有一個人鼓足勇氣把這根木桿從南門搬到了北門。結果，商鞅說到做到，立即賞賜這人五十金。這件事情很快在百姓間傳開了，大家都知道商鞅是一個令出必行的人。

　　為推行新法，商鞅用這種方法取信於民，取得了使百姓遵守法令的效果，顯示出立法與執法統一的變法思想，為後世改革家樹立了典範。王安石有詩曰：「自古驅民在信誠，一言為重百金輕；今人未可非商鞅，商鞅能令政必行。」

內視反聽、一狐之腋

　　商鞅在秦國為相期間，有次透過孟蘭皋的介紹，會見頗具賢名的隱士——趙良。商鞅想與趙良交個朋友。趙良自謙一番，表示自己高攀不上。

　　商鞅問：「你不喜歡我用新法來治理秦國嗎？」

　　趙良說：「經常反省自己才會變得聰明，能夠克己的人才是強者，謙虛謹慎的人才會得到尊重，你自己好好想想，無須問我。」

商鞅又問：「過去，秦國的習俗與戎、狄是相同的，經過我的努力，已變得與中原先進國家差不多了。你看我治理秦國，與賢大夫百里奚相比，哪一個強？」

　　趙良回答：「一千張羊皮，抵不上一隻狐狸腋下的皮毛可貴。一千個人隨聲附和，比不上一個有識之士正色直言。周武王因為左右多直言之臣而國家昌盛，商紂王因拒諫飾非，舉朝不敢直言，而致國家滅亡。你如果不反對武王那樣的行為，我就希望你聽我直言而不要見怪，好嗎？」

　　商鞅表示同意。於是，趙良比較百里奚和商鞅的優缺點，希望商鞅改變某些做法，結果商鞅並沒有聽從。

　　後世常用「內視反聽」，形容一個人既能主動反省自身又能聽取別人的意見，而用「一狐之腋」比喻極為珍貴之物。

Notes

喵的！
歷史哪有那麼難

本章人物介紹

鬼谷子　吾皇

張儀　牛能

蘇秦　巴扎黑

10

蘇秦張儀

戰國中期，秦國自從經歷了商鞅變法，
便觸底反彈，國力大爆發，實力直接碾壓了其他六國。

這讓其他六國氣壞了。
要正面對決打不贏；
要歸順呢，又不太甘心……

氣呀——

打不贏打不贏

氣呀——

嗚嗚……

唉

別生氣……

讓我們來唬弄
安慰你……

蘇秦

張儀

這個時候，
一批能說會道的人才——縱橫家
「踏入了歷史的舞台」。
他們憑自己的一張嘴，
就能夠改變一個國家的局勢。
其中，最具代表性的兩個人物就是蘇秦和張儀。

據說，蘇秦和張儀兩人都曾拜師於鬼谷子，為同門師兄弟。
兩人學成後，都在外四處遊說。

• 鬼谷子，又稱「王詡」，生卒年不詳，著名謀略家、縱橫家，是戰國時期極具神祕色彩的傳奇人物。

我們先來談談蘇秦。
他在外漂泊多年，
混得窮困潦倒，
無奈只好狼狽回家。
回到家裡又被當笑話，
羞愧的他把自己關進了小屋，
開始埋頭苦讀。

千萬別跟屋子裡的
怪叔叔一樣！

嗯！

終於在一年之後，他研究出一套「合縱之策」。
就是將南北縱列的小國們聯合起來，共同對付其他強國！
胸有成竹的他準備拿著這套策略，再次在自己身上賭一把！

老師，這是我的
畢業論文！

很好，你
畢業了！

爆款合縱之術

他先去見了周天子，
然而周天子根本不信任他。
接著，他去了秦國，
秦國這邊剛處死商鞅，
不想再招這種遊說自己主張的人。
於是，他跑去趙國，
但趙王根本不喜歡他……

經過一番思考，蘇秦去了燕國。在這裡，他等上一年才見到燕王。
蘇秦憑藉著自己的三寸不爛之舌，把燕王講得服服貼貼。

終於等到你，還
好我沒放棄！

蘇秦提議燕國和趙國結盟，共同對付秦國。
燕王當場同意，並資助蘇秦去趙國進行遊說。

蘇秦第二次來到趙國，
這時上一任那個不喜歡他的趙王
已經「掛」了，
迎接他的是新任國君。
蘇秦建議趙國組建
「六國聯盟」合力抗秦，
這樣就不怕被秦國打壓了！
新任趙王連連讚嘆，
不僅被成功說服，
還要資助蘇秦去遊說其他國家！

但在出發之前，蘇秦想到了一個問題：
如果聯盟還沒結成，趙國就被秦國攻打的話怎麼辦？
這時，蘇秦想到自己的同門師兄弟——張儀。
他想用激將法讓張儀去勸阻秦國攻打趙國，以此保住尚處於萌芽期的聯盟。

於是，
蘇秦偷偷派人暗地勸說張儀來投奔他。
其實自從畢業後，
張儀也一直混得不太好，
眼看蘇秦飛黃騰達了，
他高高興興地來了。

兄弟，我來
投奔你了！

張儀到了，
蘇秦卻故意對他不理不睬，
甚至當眾羞辱他。
這把張儀給氣壞了。

哼！

兄弟無情！
我便無義！

張儀轉念一想，
現在只有秦國才能對
趙國產生威脅，
於是直接前去秦國應徵，
正中蘇秦的下懷。

蘇秦暗中派人幫助張儀見到秦王，
並讓他成功當上大官。
張儀正思考自己該怎麼復仇時，
幫助他的那個人坦白
這一切都是蘇秦的安排。
張儀頓時覺得自己不如蘇秦高明，
於是承諾絕不會讓秦國攻打趙國！

有了這個保證，
蘇秦放心地去了韓國、
魏國、齊國、楚國進行遊說。
從分析地理位置，到結合天下大勢，
在蘇秦的侃侃而談下，
各國被一一說服，同意聯盟。

兄弟心裡
還有我。

自此，六國達成一致，形成了「合縱聯盟」。
蘇秦被任命為聯盟長，兼任六國的國相。
這一次，蘇秦賭贏了，事業也因此到達巔峰。

我來組成頭部！

秦王聽說其他六國組成聯盟後大吃一驚，
立刻要去攻打發起者趙國。
張儀為了遵守自己的承諾，趕緊阻攔，
並表示自己已經想到瓦解對方聯盟的妙計。

別攔我，我要去
揍他們！

大王，
你冷靜呀！

那就是「連橫之術」！

大王，我有妙計！

魏國離秦國最近，燕國離秦國最遠，若秦國能連橫這兩國，
六國聯盟必將瓦解。於是，張儀讓秦王將之前侵占的
幾座城池還給魏國，同時派人到燕國結親。
果不其然，魏國和燕國都答應跟秦國結好。

條件如何？

好說！

好說！

趙王一看，合縱還不到一年就有人毀約了，便生氣地責備蘇秦。
蘇秦也怕得不得了，趕緊請去燕國出任駐外使節，
表示自己必將力挽狂瀾。結果蘇秦到燕國後，就再也沒回去。

後來幾經輾轉，
蘇秦去齊國當了大臣。
齊國的大夫們因嫉妒蘇秦被重用，
派人刺殺他。
就此，一代縱橫家蘇秦
退出歷史舞台。

上吧！張儀！

與此同時，秦國想攻打齊國，
但憂慮齊、楚兩大國間的同盟關係，
於是派張儀去楚國進行遊說。

張儀一到，就開始「畫大餅」給楚王。
他聲稱楚國若能和齊國斷絕往來，
就回去讓秦王歸還之前占據楚國的六百里地，
並獻上美女。兩國就此交好，成為好兄弟！

看著我真誠的雙眼，
這是我對你的承諾！

楚王非常高興，
馬上派人去和齊國「絕交」！

有這回事嗎？我
沒看見，沒看見。

張儀回國後，
秦國遲遲沒有兌現自己的諾言。
楚王派人來問，
張儀就開始裝傻，
表示楚王聽錯了，
自己當時明明是說六里地！

被耍的楚王恨得牙癢癢，一氣之下直接發兵攻打秦國。
結果齊國因為曾遭受楚國的背叛，就聯合秦國一起攻打楚國。
楚國大敗，無奈又割讓了兩座城池求和。

後來張儀又往來奔波於
韓、趙、燕等國，
列出合縱聯盟的各種缺點，
勸他們退出，轉而依附秦國。
合縱聯盟的實力因此大大減弱，
有利於秦國的連橫局面形成。

這是現在
的局面

完美！

然而，秦王在此期間過世了，
新上任的秦王對於張儀的欺詐、
出爾反爾非常反感。
張儀知道自己在秦國的路走到了盡頭，
於是去了魏國，
隔年便過世了。

265

蘇秦和張儀的故事有好多版本。有人說他們互相配合翻雲覆雨；
也有人說他們其實根本不熟。以上版本是流傳最為廣泛的一版。
這段合縱與連橫的精彩對決，也成了歷史上的一段佳話。

「合縱連橫」其實就是
各國為拉攏他國而進行的
外交、軍事鬥爭。
合縱需要團結,連橫需要發展。
六國各自心懷鬼胎,
總是把自己的利益擺在首位,
導致連橫的一方取得了勝利。
即便如此,
秦國仍有很長一段時間
不敢輕忽合縱聯盟。
這在一定程度上抑制了強秦
吞併六國的野心,
合縱與連橫的對峙
也維持了戰國時期較長久的
政治穩定。

【蘇秦大事記】

○ 西元前311年，燕昭王即位後不久，蘇秦獲得信任，開始輔佐燕昭王，振興燕國。

○ 西元前300年，蘇秦奉燕昭王之命，到齊國進行反間活動。

○ 西元前288年，齊、秦兩國相約東西稱帝，爲阻止兩強改善關係，蘇秦勸說齊王取消帝號，孤立秦國。隨後，蘇秦與趙國李兌共謀，發動韓、趙、魏、齊、燕五國建立「合縱聯盟」，迫使秦國去帝號，退還部分侵地，最終因功被趙國封爲武安君。接著，蘇秦又設計助齊國攻打宋國，挑起宋國鄰國、垂涎宋國的國家與齊國的矛盾。

○ 西元前286年，齊國澈底消滅宋國，但由於連年征戰，齊國也日漸衰落，蘇秦疲齊之計取得成效。

○ 西元前284年，燕將樂毅集結秦、韓、趙、魏、燕五國之兵大舉攻打齊國，蘇秦的反間活動澈底暴露，慘遭處死。

【張儀大事記】

○ 西元前 329 年，張儀由趙國西入秦國，被秦惠王任為客卿，並於次年因擊敗魏國有功而出任秦相。

○ 西元前 323 年，受秦惠王之命，與齊、楚兩國國相會於齧桑，隨即被免相。為實現連橫之策，轉赴魏國任相，經屢次勸說，說服魏國國君依附秦國。

○ 西元前 313 年，為輔助秦惠王攻打齊國，張儀出使齊國，破壞齊楚聯盟，最終說服楚懷王與秦國和好。

○ 離開楚國後，張儀又至韓、齊、趙、燕 4 國出任使節，並成功說服他們依附秦國，連橫之策基本達成。

○ 西元前 309 年，因不被秦武王信任而來到魏國保命，最終於魏國逝世。

張儀與蘇泰皆以縱橫之術遊說諸候，
致位富貴，天下爭慕效之……

Notes

喵的！
歷史哪有那麼難

本章人物介紹

嬴政　吾皇

燕國太子　牛能

呂不韋　傲霸

荊軻　巴扎黑

11

秦始皇

秦

戰國末期，
長期的戰爭影響了經濟發展和社會穩定，
各諸侯國的人民都希望能早日結束戰亂。
統一，逐漸成為人們的共識和願望。

在這樣的大環境下，
一位「天選之子」也悄然誕生。
他就是我們熟知的秦始皇──嬴政！

嬴政

嬴政的父親本是秦國太子，
當初被送往趙國當人質，
嬴政也是在趙國出生的。
由於秦、趙兩國關係不斷惡化，
嬴政一家人遭趙人冷漠以待，
生活十分窘迫。

本店大拍賣，
趙人打五折。

秦人打骨折！

喵的！歷史哪有那麼難

回國三天，當上太子
治好了我的精神內耗。

歷經千辛萬苦，
嬴政終於在九歲那年回到秦國。
憑藉著契機，他的父親繼位當上秦王，
嬴政也就順理成章地成了太子。

兒啊，王權我先替你保管，
等你長大後再還給你。

可是好景不長，
嬴政十三歲那年，
父親突然就「掛」掉了，
他也因此被立為新任秦王。
秦王年少，
國家政權暫由丞相呂不韋
及嬴政的母親把持。

贏政以為自己可以就這麼平靜地長大，
誰知呂不韋不僅和自己的
老媽關係深厚，
還到處拈花惹草、鼓動謀反。

知道此事的贏政非常生氣，
但他深知小不忍則亂大謀，
於是選擇默默隱忍，
等待一個合適的時機將他們一網打盡。

喵的！歷史哪有那麼難

後來謀反的叛軍真的衝入宮中時，
贏政早已提前布置好大量精兵，
直接打得叛軍一個措手不及。
叛軍想逃，
贏政也早已料到，
提前在城外埋伏士兵。

贏政，我們要造反！

想不到吧？

澈底剷除敵對勢力後，二十出頭的贏政
將政權全部握在自己手中。

這也充分體現嬴政的可怕之處。小小年紀心思如此縝密，
還頗有大局觀，真是當一國之君的「不二人選」。

喵的！歷史哪有那麼難

這時嬴政心心念念的
就是統一六國！
身為「工作狂」的他，
開始大量學習，
同時周密地部署戰鬥計畫。

學不完，
那就拚命學！

召喚術！

李斯

王翦

嬴政不僅自己能力強，
用人能力也強。
他憑藉出色的管理才能，
將很多有實力的人為自己所用。
本身實力就強於各國的秦國，
又有了嬴政的強力加持，
簡直是如虎添翼！

嬴政上位第十七年，秦軍攻占韓國都城，成功俘虜韓王，
韓國就此滅亡。

嬴政上位第十八年，秦國大舉進攻趙國，從陸地、水路雙面夾擊。
趙國軍隊抵抗了一年之久，還是敗下陣來。
嬴政上位的第十九年，趙國降秦。

趙國的滅亡也就意味著
隔壁的燕國危險了。
七國中，燕國本來就比較弱小。
雖說曾經也有輝煌的時刻，
但論現在的實力，
根本擋不住這來勢洶洶的
秦國大軍！

明的行不通，
那只能來陰的了！
燕國太子派出一名刺客，
讓他去刺殺嬴政。
沒錯，這名刺客就是
我們熟知的荊軻！

荊軻身為燕國使者，
帶著厚禮和地圖來拜見嬴政。
嬴政也沒多想，
高高興興地讓他把地圖呈上來。

只見荊軻緩緩打開地圖，
一把匕首慢慢露了出來。
這時荊軻一把抓住嬴政，
拿起匕首就往他身上刺去。

你和燕國，都輸了。

經歷了好一段緊張的你追我趕，
荊軻最終刺殺失敗，遺憾赴死。

荊軻此次的失敗，
間接加速了燕國的滅亡。

事後，嬴政勃然大怒，直接派兵攻打燕國。
燕王連忙殺掉派出刺客的太子，以此跟秦國求和。
嬴政表面上答應了，實則心裡有別的安排，計畫著日後再解決燕國！

遲早找燕國算帳

記仇小本本

嬴政上位第二十二年，秦軍攻打魏國，
透過引入黃河水淹沒了魏都大梁。魏王無奈投降，魏國滅亡。

同年，嬴政出動二十萬大軍攻打楚國，
可惜沒成功。
於是，嬴政又派出六十萬大軍出征。
經過一場大戰後，成功俘虜楚王。
幾年後，在嬴政上位第二十四年之際，
秦軍平定楚國其他區域，楚國也滅亡了。

誰叫你刺殺我！

秦軍滅掉楚國之際，
也繼續向東邊推進。那誰在東邊呢？
沒錯，正是燕國！嬴政來報仇了！
楚國被滅的隔年，
燕國也被滅掉了。

僅存的齊國也難以倖免。
嬴政上位第二十六年，
勢如破竹的秦軍從燕國南下，
直擊齊國！
齊國毫無招架之力，
被擊敗後也就此滅亡。

打從籌備統一開始，到吞併齊國為止，
嬴政只用了十年就兼併六國，
結束中國自春秋以來長達五百多年的諸侯割據紛爭局面。
從此秦一統大業，中國歷史進入帝國時代！

嬴政的成功並非他一人的功勞，也要歸功於歷代秦王的努力。
正是先王們的苦心經營，秦國才能日益強大，
嬴政才有機會當這個「破局者」。

我要一個獨家稱號，叫「始皇帝」！

秦國統一天下後，
贏政覺得之前的王號不足以彰顯自己的霸業，
於是廢掉了「君王」的稱號，
自稱「始皇帝」。
同時，他稱自己為「朕」，
這也是專屬於他的稱謂，
藉此凸顯自己至高無上的皇權。

為加強對全國的統治，
秦朝創立了統一的中央集權制度。
贏政澈底廢除封建制，
改用郡縣制，
由自己親自任免各郡縣的長官，
牢牢控制全國各地的權力。

一切都朝好的方向發展，
嬴政也認為自己開創的帝業能世世代代傳承下去。
然而，歷史真的會像他預想的那樣發展嗎？

秦的統一，
結束了春秋戰國以來
長期混戰的局面，
建立起中國歷史上第一個
統一的帝國。
對中國歷史的發展
有著巨大而深遠的影響。
秦的統一對中國封建社會的
政治制度具有劃時代的意義，
開創中國歷史的新紀元，
使中國古代社會
大大地向前推進了一步。

【秦朝大事記】

○ **秦滅二周**

西元前 256 年—西元前 249 年，秦先後滅西周、東周，
爲統一六國奠定基礎。

○ **秦滅六國**

西元前 230 年—西元前 221 年，秦王嬴政率軍滅韓、趙、
魏、楚、燕、齊六國，一統天下。

○ **秦王朝建立**

西元前 221 年，滅六國後，秦王嬴政登基稱帝，建立中
國第一個大一統王朝，自稱「始皇帝」。

○ **蒙恬伐匈奴**

西元前 215 年，蒙恬受秦始皇之命，率大軍三十萬北擊
匈奴。

【秦朝大事記】

焚書坑儒

西元前213年，爲壓制異見，秦始皇採納李斯的建議，下令焚書，並於次年坑殺四百六十多名反對自己的儒生。

修築長城

西元前214年，爲鞏固邊疆，秦始皇下令在過去秦、趙、燕三國北境長城的基礎上修繕連貫，修築一條西起臨洮，北傍陰山，東到遼東的萬里長城。

沙丘之變

西元前210年，秦始皇出巡時於沙丘宮病逝，同行的趙高、李斯合謀殺害公子扶蘇，擁立秦二世胡亥即位。

秦朝滅亡

因不堪暴政，秦末各地掀起大規模的起義運動，秦朝統治迅速走向瓦解。西元前207年，秦王子嬰向劉邦投降，秦朝正式滅亡，成爲中國歷史上最短命的封建王朝。

秦朝
制度

皇帝制度

在秦代以前，「王」是最高統治者的稱號。

但秦王嬴政認為自己德高三皇，功過五帝，王的稱號已不能顯示自己的神聖地位，因此把古代傳說中的三皇五帝稱號合二為一，號稱皇帝，由此確立了至高無上的皇權。

三公九卿制

　　三公是指丞相、太尉、御史大夫。丞相分左、右，是最高行政長官，協助皇帝處理全國政務；太尉是最高軍事長官，協助皇帝處理全國軍務，但不能私自調兵遣將，軍權仍掌握在皇帝手中；御史大夫掌監察，協助皇帝處理政事。三者相互制約，但大權集於皇帝一身。

　　九卿是指掌管宗廟禮儀的奉常、宮廷警衛的郎中令、管理宮廷車馬的太僕、負責皇宮保衛的衛尉、處理少數民族事務及外交的典客、負責司法的廷尉、掌管全國財政稅收的治粟內史、管理皇族與宗室事務的宗正，以及掌管全國山河湖海稅收和手工業製造，以供皇室需要的少府。這些官職均由皇帝任免，概不世襲。

郡縣制

　　秦始皇廢除了封建制，將全國劃分成三十六郡。每郡又劃分若干縣，縣以下再分為若干鄉，鄉之下有亭、里等，形成一套嚴密的地方管理機制。

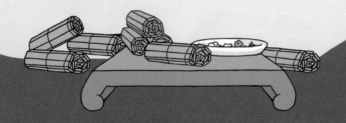

圖窮匕見

戰國末年，荊軻奉燕太子丹的命令同秦舞陽一道去刺殺秦王。他們以獻燕國督亢的地圖，和從秦國逃到燕國的將軍樊於期首級爲名，去見秦王，並把匕首藏在地圖裡。

他們來到秦國，秦王在咸陽宮接見他們。荊軻捧著裝有樊於期首級的盒子走在前面，秦舞陽捧著地圖跟在後面。走到宮殿台階上時，秦舞陽嚇得臉色都變了，忍不住全身顫抖起來。秦王看到這種情況，立刻叫荊軻把地圖拿上去，不准秦舞陽上殿。

荊軻把地圖獻給秦王。秦王接過地圖把它展開，展到最後，匕首顯露。於是荊軻左手抓住秦王的衣袖，右手抓起鋒利的匕首直向秦王胸前刺去，但沒有刺中。秦王驚恐萬狀，立即從座位上起身掙扎，急往別處躲去。荊軻豈肯放鬆，拿起匕首在後面追趕。後來秦王出寶劍與荊軻搏鬥，荊軻被砍八劍，當場身亡。秦舞陽和其他跟隨到咸陽的人，也被秦國人殺死了。

後世常用「圖窮匕見」，形容行事目的敗露。

秦鏡高懸

　　傳說秦朝咸陽宮中有面方鏡十分神奇，能照出人的疾病、欲念、善惡等，秦始皇常常利用這面鏡子考察宮中的妃嬪、侍衛等人是否忠貞，如果發現照完後膽顫心驚的，就立即逮捕殺頭。

　　後世常用「秦鏡高懸」，形容明察是非、斷案公正無私的官員。

朕為始皇帝，後世以計數，二世三世至于萬世，傳之無窮！

秦武王

秦孝文王

秦昭襄王

秦莊襄王

後會有期

006

【吾皇巴扎黑的穿越劇場】

喵的！歷史哪有那麼難① 夏商西周春秋戰國到秦王朝

作　　者｜白茶
封面設計｜FE 設計
內文排版｜陳姿仔
責任編輯｜鍾宜君
特約編輯｜蔡緯蓉
印 務 部｜江域平、黃禮賢、李孟儒

漫畫監製｜白茶、味精、馬振遠
專案統籌｜馬振遠
知識顧問｜十一郎
創意策劃｜黃恆恩、曾一凡、黃雨詩
漫畫繪製｜昭宇
發行支持｜趙姍、于墨然
商務支援｜張斯瑛
設計支持｜劉坤

出　　版｜晴好出版事業有限公司
總 編 輯｜黃文慧
副總編輯｜鍾宜君
行銷企畫｜胡雯琳、吳孟蓉
地　　址｜10491 台北市中山區中山北路三段 36 巷 10 號
網　　址｜https://www.facebook.com/QinghaoBook
電子信箱｜Qinghaobook@gmail.com
電　　話｜（02）2516-6892 傳　真｜（02）2516-6891

發　　行｜遠足文化事業股份有限公司（讀書共和國出版集團）
地　　址｜231023 新北市新店區民權路 108-2 號 9 樓
電　　話｜（02）2218-1417 傳　真｜（02）22218-1142
電子信箱｜service@bookrep.com.tw
郵政帳號｜19504465（戶名：遠足文化事業股份有限公司）
客服電話｜0800-221-029　團體訂購｜（02）22181717 分機 1124
網　　址｜www.bookrep.com.tw
法律顧問｜華洋法律事務所／蘇文生律師
印　　製｜凱林印刷
初版 4 刷｜2024 年 5 月
定　　價｜450 元
ISBN　｜978-626-97758-0（平裝）
EISBN　｜9786267396025（PDF）
EISBN　｜9786267396018（EPUB）

國家圖書館出版品預行編目 (CIP) 資料
喵的！歷史哪有那麼難：【吾皇巴扎黑的穿越劇場】夏商西周春秋戰國到秦王朝
/ 白茶著 . -- 初版 . -- 臺北市：
晴好出版事業有限公司出版；新北市：遠足文化事業股份有限公司發行，
2023.11　面；17x23 公分
ISBN 978-626-97758-8-0（平裝）
1.CST: 歷史 2.CST: 漫畫
307.9　　112006317